共に育つ保育を探究する
保育内容総論

編著 清水陽子・森　眞理

共著（五十音順）
赤嶺優子・阿部敬信・今津尚子
犬童れい子・川俣美砂子・黒田秀樹
柴田賢一・永渕美香子・原陽一郎
福田泰雅・二子石諒太

建帛社
KENPAKUSHA

はじめに

　近年，保育現場は，保育所，幼稚園，認定こども園に加え，小規模型保育所，家庭的保育施設等，就学前の保育・幼児教育施設は多様化しています。子どもを取り巻く状況も，引き続き深刻化している少子化，子育て家庭の孤立化といった子育てをめぐることや情報化，都市化，グローバリゼーションといった経済・社会の影響を受けて複雑化しています。ゆえに，ますます保育者や保育現場に専門性と資質の向上が期待されています。

　本書『保育内容総論』はこうした状況を踏まえて，過去・現在・未来，および，家庭・地域・社会・世界をつなぐ内容になっています。ですから本書の構成は，本書の学びのポイント，歴史的な子ども観と保育内容の変遷から始まり，「保育所保育指針」「幼稚園教育要領」「幼保連携型認定こども園教育・保育要領」の理解と保育内容の関係性，子どもの育ち，保育内容と計画との関係性，子ども理解のあり方，保育の評価，インクルージョン，諸外国における保育内容，そしてESD（持続可能な開発のための教育）と幅広くなっています。

　各章の執筆者が心がけたことは，本書を手にとられる方たち（多くの場合，保育者養成機関に学ぶ学生でしょう）が，「何だろう」「どうしてだろう」「私だったら」と内容を語り合えるように文章を作成することでした。ですから，各章の最後に「演習問題」を設けています。一人で，少人数の仲間と，さらにクラスで大いに語り合い，さらなる問いを見出して，子どものように探究心と好奇心旺盛である学び手として修練していただきたいと思います。

　　今日，子どもが必要とすることに私共は答えたい。その逆ではない。
　　子どもが本当に必要としていることを読み取るのはとてもむつかしい。それには修練を要する。常に自らを新たにする「知」と，相手の身になる「情」とを必要とする。私共も親もその力をつけたい。これはこの学校で毎日心がけていることである。そこに生命的秩序が生まれる。

　　　　　　　　　　　　　　　（津守　真：保育者の地平，ミネルヴァ書房，p.198，1997．）

　上記は，子どもと共にあることの尊さを常に語られ，子ども，保育者，保護者と共にある生活を実践された，津守真先生（1926-2018）が，愛育養護学校校長を務めていらしたときの入学式の話の草稿です。本書は，保育者に求められている「知」と「情」を携えて，子どもと日々の保育を創造していかれるための保育内容を総合的に学べるように考えて編纂されています。ただし，その学びは，今すぐ保育現場で使える，ということにはならないかもしれません。それだけ保育の世界は奥深く複雑です。しかし，その根源に子どもと共に育つ喜びと楽しさがあることを確信して，本書を学んだ皆さんが歩んでいかれることを願っています。

　最後に，本書の刊行にあたり，ご協力いただいた保育現場，保育関係者のお一人お一人，建帛社編集部の皆さんに心からお礼を申し上げます。

2019年2月

　　　　　　　　　　　　　　　　　　　　　　　　　　　　編著者を代表して　森　眞理

第1章　子どもの生活と保育内容 ……………………………… 1

1．保育内容とは …………………………………………………………… 1
2．子どもの生活と「幼児期の終わりまでに育ってほしい姿」………… 2
3．保育内容総論の学びの意義 …………………………………………… 4

第2章　保育内容の歴史的変遷 ………………………………… 6

1．近代以前の子ども ……………………………………………………… 6
　（1）子どもの遊び ……………………………………………………… 6
　（2）子どもへの眼差し ………………………………………………… 8
　（3）子どもへの関わり ………………………………………………… 9
2．明治〜戦前の日本の保育 ……………………………………………… 10
　（1）フレーベルと日本の保育 ………………………………………… 10
　（2）保育科目から保育4項目へ ……………………………………… 11
　（3）保育内容と遊び …………………………………………………… 12
3．「保育要領」から「保育所保育指針」へ …………………………… 14
　（1）5領域へのあゆみ ………………………………………………… 14
　（2）遊びと環境 ………………………………………………………… 15

第3章　現代の保育の基本と課題 ……………………………… 17

1．「保育所保育指針」にみる保育の基本 ……………………………… 17
　（1）「養護」が基盤である …………………………………………… 17
　（2）保育所における教育のあり方 …………………………………… 18
　（3）子育ての現状と保護者支援 ……………………………………… 20
2．「幼稚園教育要領」にみる保育の基本 ……………………………… 21
　（1）「幼稚園教育要領」にみる幼児教育の理解 …………………… 21
　（2）「幼稚園教育において育みたい資質・能力」および
　　　「幼児期の終わりまでに育ってほしい姿」…………………… 23
　（3）子どもと共に創る保育を目指して ……………………………… 24
3．「幼保連携型認定こども園教育・保育要領」にみる保育内容と課題 … 25
　（1）幼保連携型認定こども園 ………………………………………… 25
　（2）「幼保連携型認定こども園教育・保育要領」の基本的な考え方 … 25
　（3）「幼保連携型認定こども園教育・保育要領」の改訂について … 27

4．「小規模保育」とは　29
(1) 小規模保育の法制化　29
(2) 小規模保育事業について　30
(3) 小規模保育事業のメリットとデメリット　30
コラム：〜保育者を目指すあなたへ〜　31

第4章　乳児期の保育　32

1．人との関わりで育つ　32
(1) 乳　児　32
(2) 1歳児　33
(3) 2歳児　33

2．豊かな環境で育つ　34
(1) 0歳児　35
(2) 1歳児　36
(3) 2歳児　37

3．遊びを通して育つ　38
(1) 0歳児　38
(2) 1・2歳児　41
(3) 1・2歳児の保育　43
(4) 3歳未満児の保育　44

第5章　保育計画と保育内容とのつながり　46

1．「全体的な計画」「教育課程」と指導計画，保育内容とのつながり　46
(1) 保育の全体的な計画の作成，教育課程の編成　46
(2) 全体的な計画，教育課程に基づく指導計画の作成と保育内容　46

2．地域交流および子育て支援に関する保育計画と保育内容　48
(1) 地域の独自性等を生かした保育の全体的な計画・教育課程　48
(2) 計画的な子育て支援　49

3．食　育　50
(1) 幼児期からの取り組みの重要性　50
(2) 園での取り組みがもたらすもの　53
(3) 実際の園での取り組み　54

第6章　「対話的な深い学び」のための子ども理解と保育実践　58

1．子ども理解と対話的な深い学びとは　58
2．着目する子どもの姿と育ちのとらえ方　58
3．保育の場面記録から子どもの姿をとらえる【演習】　64

第7章　記録のとり方と保育の評価 …………………………… 71

1．保育の活動記録と評価の意義 ……………………………………… 71
　（1）子ども理解のために ……………………………………………… 72
　（2）保育の展開のために ……………………………………………… 73
　（3）保育の質的向上と多様な視点のために ………………………… 74
2．記録の種類 …………………………………………………………… 76
　（1）時系列で記録する ………………………………………………… 76
　（2）遊びの内容を記録する …………………………………………… 77
　（3）集団での活動や個人の姿を記録する …………………………… 77
3．評価について ………………………………………………………… 81
　（1）評価するとは ……………………………………………………… 81
　（2）保育の質向上のための評価 ……………………………………… 81
　（3）子どもの発達の姿を評価する …………………………………… 82
　（4）自己評価 …………………………………………………………… 83

第8章　インクルーシブ保育 …………………………………… 84

1．インクルーシブ保育とは …………………………………………… 84
2．保育における「合理的配慮」とは ………………………………… 85
3．インクルーシブ保育における子ども理解 ………………………… 87
　（1）行動観察と継続的な記録による理解 …………………………… 87
　（2）標準化されたチェックリストを用いての理解 ………………… 90
4．個別の指導計画の作成 ……………………………………………… 91
5．共生社会とインクルーシブ保育の実現へ向けて ………………… 96

第9章　諸外国の保育に学ぶ多様な保育と保育者の専門性
　　　　　―「主体的な遊びと学びが可視化（見える化）」する
　　　　　　保育との対話から私（たち）の保育を切り拓く― …… 98

1．保育の場における「学びと育ちの可視化（見える化）」の重要性の背景 …… 98
2．イタリアのレッジョ・エミリア市の乳児保育所・幼児学校 …… 99
　（1）概　要 ……………………………………………………………… 99
　（2）保育内容の要：プロジェクトとドキュメンテーション ……… 100
　（3）「食の言葉」プロジェクト ……………………………………… 100
3．ニュージーランドの乳幼児教育 …………………………………… 101
　（1）概　要 ……………………………………………………………… 101
　（2）保育内容の要：「ラーニング・ストーリー（学びの物語）」 … 102
　（3）Tアーリー・チャイルド・センター …………………………… 102

4．イギリスの乳幼児教育 ……………………………………………… 103
　（1）概　要 …………………………………………………………… 103
　（2）保育内容の要：プロジェクトと「ラーニング・ダイアリー（学びの日記）」… 104
　（3）子どもの遊びと育ちの可視化：「ラーニング・ダイアリー（学びの日記）」… 105

第10章　保育内容におけるESD
―「地球規模で考え，身近なところから」に向けて― ……………… **107**

1．ESDについて理解する ……………………………………………… 107
　（1）ESDの意味と意義 ……………………………………………… 107
　（2）ESDが生まれた経緯 …………………………………………… 109
　（3）ESDと保育：OMEP（世界幼児教育・保育機構）の働き …… 109
2．SDGsについて理解する …………………………………………… 111
　（1）SDGsの意味と意義 …………………………………………… 111
3．ESDと保育内容：人間と自然の関係性 …………………………… 112
　（1）「フォレスト・スクール（森の学校）」の実践（イギリスのWナーサリースクール） … 112
　（2）「アトリエ」における実践（静岡県のE保育園） …………… 113
　（3）「毎日のフィーリング（感情）」の実践（イギリスのWナーサリースクール） … 114
　（4）「地域社会『おそばやさん』との関わり」の実践（静岡県のE保育園） … 115
4．これからに向けて …………………………………………………… 116

■索　引 ………………………………………………………………… 117

第1章 子どもの生活と保育内容

1. 保育内容とは

　保育所や幼稚園，幼保連携型認定こども園等で，子どもを保育する専門家は保育者と呼ばれる。保育者が乳幼児の教育・保育施設で日々実践している仕事が保育である。

　したがって，保育内容とは，子どもが園生活において経験する内容のことであり，各施設で実践される保育のガイドラインは，「保育所保育指針」「幼稚園教育要領」「幼保連携型認定こども園教育・保育要領」に示されている。

　2017（平成29）年に改訂（改定）された「保育所保育指針」「幼稚園教育要領」「幼保連携型認定こども園教育・保育要領」には共通した内容が組み込まれている。それは，①「豊かな体験を通じて，感じたり，気付いたり，分かったり，できるようになったりする『知識及び技能の基礎』」，②「気付いたことや，できるようになったことなどを使い，考えたり，試したり，工夫したり，表現したりする『思考力，判断力，表現力等の基礎』」，③「心情，意欲，態度が育つ中で，よりよい生活を営もうとする『学びに向かう力，人間性等』」の「育みたい資質・能力」（3つの柱）と「幼児期の終わりまでに育ってほしい姿」（10の姿）である。

　「育みたい資質・能力」については，これらの3つの柱全体をとらえ，全体的な計画や教育課程を通して，それらの資質・能力をいかに育成していくかという観点で，乳幼児期から初等中等教育，さらに高等教育までの構造的な見直しが求められている。これは，学びの主体者である子ども自身が「どのように社会・世界と関わり，よりよい人生を送るか」ということが重視されるようになったためである。

　しかし，実際の保育場面においては，「知識及び技能の基礎」「思考力，判断力，表現力等の基礎」「学びに向かう力，人間性等」を個別に取り出して指導することは不可能といえる。乳幼児期の保育は，遊びを通した総合的な指導の中で，子どもの生きる力を育てることが大切である。これらの資質・能力は，これまでの保育においても大切にされてきたが，さらに実践における子どもの具体的な姿をとらえ，保育の充実を図ることが求められている。

　「保育所保育指針」の「第1章 総則 1 保育所保育に関する基本原則 (2)保育の目標」には「保育所の保育は，子どもが現在を最も良く生き，望ましい未来をつくり出す力の基礎を培うために，次の目標を目指して行わなければならない」として，6つの具体的な目標が以下のように記されている。これらの目標から，乳幼児期の望ましい保育内容を具体的にイメージしてみたい。

（ア）十分に養護の行き届いた環境の下に，くつろいだ雰囲気の中で子どもの様々な欲求を満たし，生命の保持及び情緒の安定を図ること。
（イ）健康，安全など生活に必要な基本的な習慣や態度を養い，心身の健康の基礎を培うこと。

(ウ) 人との関わりの中で，人に対する愛情と信頼感，そして人権を大切にする心を育てるとともに，自主，自立及び協調の態度を養い，道徳性の芽生えを培うこと。
(エ) 生命，自然及び社会の事象についての興味や関心を育て，それらに対する豊かな心情や思考力の芽生えを培うこと。
(オ) 生活の中で，言葉への興味や関心を育て，話したり，聞いたり，相手の話を理解しようとするなど，言葉の豊かさを養うこと。
(カ) 様々な体験を通して，豊かな感性や表現力を育み，創造性の芽生えを培うこと。

まず，子どもの心と体を健全に育てる充実した養護を基盤とした保育が，子どもの生活に必要なことを読み取ることができる。そして，この目標は保育内容の5領域のねらいと共通点があることもわかる。

2．子どもの生活と「幼児期の終わりまでに育ってほしい姿」

現在，日本には保育所，幼稚園，幼保連携型認定こども園等，複数の種類の教育・保育施設が存在する。しかし，どの教育・保育施設で子どもが過ごしても，豊かな子ども時代が保障されなければならない。そのためには，施設・設備面の充実ももちろんであるが，子どもの豊かな生活を保障し，「保育の質の向上」の鍵をにぎるのは保育者であるといえる。保育者がどのように子どもの生活を計画し，日々の生活の中で子どもの育ちに気付き，応答していくかが重要になってくる。日本の幼児教育の先達である倉橋惣三の『育ての心』には，さまざまな子どもの姿をとらえ，子どもの心を理解しようとした文章がつづられている。

「汗」（倉橋惣三）[1]
子どもたちの可愛い額に汗が見える。拭いてやろうとしても駆けていってしまって，またひとしきり汗をかいている。砂場では砂の手で日灼の額がよごれたままになっている。大積木を抱きかかえて汗を流しながら運んでいる。角力をとっている子の白地の上着が汗でぐっしょりになっている。
額に汗するという言葉は，大人の実生活に於いて，勤労を礼讃する言葉である。子どもの遊戯生活が大人の実生活と同じ貴さをもつとすれば，子どもの汗も同じ貴さをもつのである。
汗の出る程遊ばない子，遊べない子，汗の出ないように静かにばかり座らせられている子，汗を出すと叱られる子，どれも礼讃に値する子どもの生活といえない。どの子どもにも，存分に汗するほどの生活をさせてやらなければならない。
それにしても，六月の日盛りを，汗する子ども等と共に遊んで下さる先生方の汗は貴い。

「汗」には，子どもの生き生きと生活する姿が描かれている。そして倉橋は，砂場や積み木遊び，すもうなど子どもが自分の好きな遊びに夢中になって汗を流す大切さについて記している。その対比として，汗をかかない子どもの姿や生活のありようについても，倉橋は言及している。そして，汗をかきながら一生懸命遊ぶ子どもの背後に，子どもと共に遊ぶ保育者の存在を認めている。子どもの生活や遊びの姿をとらえるとき，私たちは倉橋のように，子どもが心や体を使っ

て一生懸命遊んでいる姿を価値あるものとして，一人一人の子どもがどのようなことに心を動かし，何を学んでいるのか，そのときの子どもの姿をとらえたいものである。

「幼児期の終わりまでに育ってほしい姿」（10の姿）は，乳幼児期の教育から小学校教育への接続がスムーズにいくことを願って設定されたもので，幼児期の子どもの育ちを共通の視点により認めていくためのものである。

表1-1　幼児期の終わりまでに育ってほしい姿（10の姿）

①健康な心と体
　保育所の生活の中で，充実感をもって自分のやりたいことに向かって心と体を十分に働かせ，見通しをもって行動し，自ら健康で安全な生活をつくり出すようになる。

②自立心
　身近な環境に主体的に関わり様々な活動を楽しむ中で，しなければならないことを自覚し，自分の力で行うために考えたり，工夫したりしながら，諦めずにやり遂げることで達成感を味わい，自信をもって行動するようになる。

③協同性
　友達と関わる中で，互いの思いや考えなどを共有し，共通の目的の実現に向けて，考えたり，工夫したり，協力したりし，充実感をもってやり遂げるようになる。

④道徳性・規範意識の芽生え
　友達と様々な体験を重ねる中で，してよいことや悪いことが分かり，自分の行動を振り返ったり，友達の気持ちに共感したりし，相手の立場に立って行動するようになる。また，きまりを守る必要性が分かり，自分の気持ちを調整し，友達と折り合いを付けながら，きまりをつくったり，守ったりするようになる。

⑤社会生活との関わり
　家族を大切にしようとする気持ちをもつとともに，地域の身近な人と触れ合う中で，人との様々な関わり方に気付き，相手の気持ちを考えて関わり，自分が役に立つ喜びを感じ，地域に親しみをもつようになる。また，保育所内外の様々な環境に関わる中で，遊びや生活に必要な情報を取り入れ，情報に基づき判断したり，情報を伝え合ったり，活用したりするなど，情報を役立てながら活動するようになるとともに，公共の施設を大切に利用するなどして，社会とのつながりなどを意識するようになる。

⑥思考力の芽生え
　身近な事象に積極的に関わる中で，物の性質や仕組みなどを感じ取ったり，気付いたりし，考えたり，予想したり，工夫したりするなど，多様な関わりを楽しむようになる。また，友達の様々な考えに触れる中で，自分と異なる考えがあることに気付き，自ら判断したり，考え直したりするなど，新しい考えを生み出す喜びを味わいながら，自分の考えをよりよいものにするようになる。

⑦自然との関わり・生命尊重
　自然に触れて感動する体験を通して，自然の変化などを感じ取り，好奇心や探究心をもって考え言葉などで表現しながら，身近な事象への関心が高まるとともに，自然への愛情や畏敬の念をもつようになる。また，身近な動植物に心を動かされる中で，生命の不思議さや尊さに気付き，身近な動植物への接し方を考え，命あるものとしていたわり，大切にする気持ちをもって関わるようになる。

⑧数量や図形，標識や文字などへの関心・感覚
　遊びや生活の中で，数量や図形，標識や文字などに親しむ体験を重ねたり，標識や文字の役割に気付いたりし，自らの必要感に基づきこれらを活用し，興味や関心，感覚をもつようになる。

⑨言葉による伝え合い
　保育士等や友達と心を通わせる中で，絵本や物語などに親しみながら，豊かな言葉や表現を身に付け，経験したことや考えたことなどを言葉で伝えたり，相手の話を注意して聞いたりし，言葉による伝え合いを楽しむようになる。

⑩豊かな感性と表現
　心を動かす出来事などに触れ感性を働かせる中で，様々な素材の特徴や表現の仕方などに気付き，感じたことや考えたことを自分で表現したり，友達同士で表現する過程を楽しんだりし，表現する喜びを味わい，意欲をもつようになる。

出典）厚生労働省：保育所保育指針　第1章総則　4幼児教育を行う施設として共有すべき事項（2）幼児期の終わりまでに育ってほしい姿，2017.より

この10の項目（10の姿）は，保育内容の領域のねらい・内容と関連があることがわかる（図1-1）。この10の姿は，子どもの育つ姿を，領域のねらい・内容と関連してとらえることに意味があるといえるだろう。3つの柱と10の姿は，保育実践を振り返り，全体的な計画や評価に生かしていく指針とすべきものである。

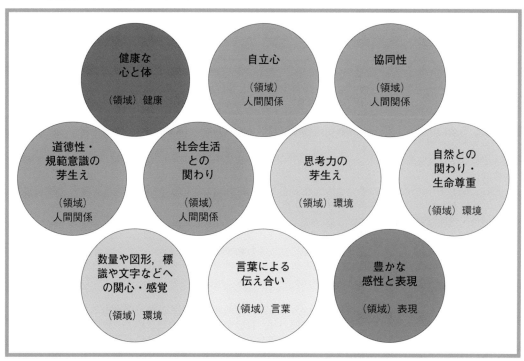

図1-1　幼児期の終わりまでに育ってほしい姿の整理イメージ

出典）幼児期の教育と小学校教育の円滑な接続の在り方に関する調査研究協力者会議：幼児期の教育と小学校の円滑な接続の在り方について（報告）（平成22年11月11日），pp.22-24，文部科学省，2010. に基づく整理

3. 保育内容総論の学びの意義

　乳幼児期の諸能力は，相互に関連し合い，総合的に発達していく。これらを踏まえ，乳幼児の資質・能力を各領域に分けて指導するのではなく，遊びと生活を通して総合的に育んでいく必要がある。

　「領域」という考え方が初めて導入されたのは1956（昭和31）年に刊行された「幼稚園教育要領」であった[2]。この「幼稚園教育要領」は，1947（昭和22）年に刊行された「保育要領」の改訂で，領域については「幼児の具体的な生活経験は，ほとんど常に，これらいくつかの領域にまたがり，交錯して現れる。したがってこの内容を一応組織的に考え，かつ指導計画を立案するための便宜からしたものである」と記述され，「健康」「自然」「社会」「言語」「音楽リズム」「絵画制作」の6つの領域に分類された。しかし，実際には，6つの領域が小学校以上の教科と混同される結果となったため，1989（平成元）年改訂され，幼児の発達の側面から現在の「健康」「言葉」「人間関係」「環境」「表現」の5領域ごとにねらいが示されることになった。

ここで心に留めておきたいことは，各領域に示すねらいは，「幼稚園における生活の全体を通じ，幼児が様々な体験を積み重ねる中で」達成され，内容は「幼児が環境に関わって展開する具体的な活動を通して総合的に指導されるもの」である。「保育内容総論」の授業では，子どもの生活全体を把握しつつ，その中での子どもの興味・関心に共感し，保育実践を子どもと一緒に創造することを学んでいただきたい。

【演習問題】
① 本章を学んで，気付いたことを3つあげてみよう。
② もっと知りたいと思った用語について話し合ってみよう。

引用文献
1）倉橋惣三：育ての心〈上〉，倉橋惣三文庫③，フレーベル館，p.26，2008.
2）文部省：幼稚園教育百年史，ひかりのくに，pp.643-645，1979.

参考文献
・倉橋惣三：育ての心〈上〉，倉橋惣三文庫③，フレーベル館，2008.
・厚生労働省：保育所保育指針，2017.
・内閣府・文部科学省・厚生労働省：幼保連携型認定こども園教育・保育要領，2017.
・文部科学省：幼稚園教育要領，2017.

第2章 保育内容の歴史的変遷

今日,「遊び」を通しての学びを根底において,保育内容が構成されている。しかしもちろんのことながら,保育所や幼稚園が誕生するはるか前から子どもは生活の中で遊び,遊びを通してさまざまなことを学びながら育ってきた。本章では,「遊び」の原風景から今日の保育内容に至る道筋をたどり,保育がどのように構想されてきたのかについてみていきたい。

1. 近代以前の子ども

(1) 子どもの遊び

1) 小さな大人

フィリップ・アリエスの『〈子供の誕生〉──アンシャンレジーム期の子どもと家族生活』を参照して,近代以前の子どもは「小さな大人」であり,早くから労働に駆り出されたのだ,ということは保育原理,教育原理の授業やテキスト等でよく説明されるところである。では,近代以前の子どもたちは遊ぶ時間などなく労働に勤しみ,「子ども」として「小さな大人」とは違う視線で見られることはなかったのであろうか。

もちろん,上記のアリエスの示すところ(エドワード・ショーター,ローレンス・ストーンらと並んで「アリエス・ショーター・ストーン・テーゼ」と呼ばれることもある)に対してはこれまで数多くの反論が寄せられてきた。例えば,リンダ・ポロック[1]は日記などの資料から,成長していく子どもに期待と愛情を寄せる姿を描き出しているし,キース・ライトソン[2]らも親が子どもに向ける視線は「子ども」に対する愛情を伴ったものであったとの説明を行っている。

2) 絵画にみる子どもの遊び

では,労働から離れた子どもの姿は,どのようなものであったのだろうか。これまで数多くの歴史家が昔の子どもの姿を明らかにしようと努めてきたが,本章の関心に寄せてその一部を取り上げるなら,ピーテル・ブリューゲルによって16世紀中頃に描かれた絵画『子どもの遊戯』(1560,ウィーン美術史美術館蔵)を取り上げることが最も適切であると思われる。この絵画を詳しく分析した森洋子[3]によれば,この絵画には118×161cmのカンバスに,実に91種類もの子どもの遊びが描かれているという(図2-1)。

そこには,人形遊びやブランコ遊び,ボール遊びや砂山へ駆け上る,穴掘り,竹馬,ぐるぐる回りなど,現代の子どもにも共通する遊びから,祭壇ごっこ,噛みタバコ転がり,指骨遊び(動物の基節骨をボーリングのように転がす),などの,今では行われない遊びや現代人には理解しがたい遊び,その時代や地域独特の遊びなどがみられ,また果ては,「おしっこ」や「お粥のかきまぜごっこ(本田[4]はこれを見て,排泄物を棒でかきまぜているのではないかと考えていた。実際,子ども

1. 近代以前の子ども   7

図2-1　ピーテル・ブリューゲル『子どもの遊戯』(1560)
（ウィーン美術史美術館蔵，インターネットフリーサイトより転載）

がやりそうなことである）」など，子ども自らが興味を持ってするものだとしても現代の感覚ではさすがに禁じたくなるような遊びまで，実に多様な子どもの姿が描かれている。

　水辺の町の，おそらくは都市の広場などであろうか。森[3)]が述べるところでは中央の建物は「市庁舎風」の，ゴシックとイタリア・ルネッサンス様式が折衷的に取り入れられた当時としてはモダンな建物である。ヨーロッパの都市において市庁舎や教会の前に広場が置かれることは都市設計の一つの基本であるが，このような都市の空間設計における思想は，保育とも無縁ではない。「プロジェクト」や「アトリエ」における活動の実践で高名なイタリアの都市，レッジョ・エミリアの乳児保育所や幼児学校の園舎は，しばしば日本でも紹介されているが，園内にはピアッツァ（Piazza，イタリア語で「広場」の意味）があり，どのクラス等からもつながっているピアッツァに，子どもたち，保育者や職員，保護者などが集い，交わる場として機能している。

　その広場の中で，多様な遊びを繰り広げる子どもの姿。自由気ままに，はたからみれば危険にもみえる遊びや，大人が忌避するような遊びまで，その時代や地域の文化や伝統の中に身を浸しながらも，自らの思うままに遊ぶ様子は，今も昔も変わりないものではないのか，とも考えさせられる。

【クイズ】
　表2-1（p.8）に，『子どもの遊戯』にみられる遊びをいくつかあげてみた。これらの遊びが図2-1のどこにあるか，探してみよう！（答えはp.16にあります）

表2-1　ブリューゲル『子どもの遊戯』にみられる子どもの遊び（一部）

①お手玉	②お店屋さんごっこ	③シャボン玉遊び	④投げ独楽	⑤目隠し鬼ごっこ
⑥洗礼ごっこ	⑦砂山から駆け降りる	⑧花嫁行列ごっこ	⑨お粥のかきまぜごっこ	⑩尻打ち

出典）森　洋子：ブリューゲルの「子どもの遊戯」―遊びの図像学―，未来社，pp. 20-21，1989．

（2）子どもへの眼差し

　欧米のキリスト教倫理に基づいた子育てにおいては，子どもは原罪（original sin）を背負って生まれてくるものと考えられ，子どもの中にある悪徳を排除するために，体罰もむしろ積極的に用いられるべきものと考えられていた。16世紀のエラスムス，17世紀のジョン・ロックの著作においては，一読するとそれまで当然とされてきた体罰を「教育の方法」としては否定しているかにみえるが，実は彼らは教育の最後の手段としての体罰を肯定する姿勢は崩してはいなかった。

　とはいえ，ルソーやフレーベルの登場を待つまでもなく，子どもの存在を独自のものとして認め，遊びの中で子どもが育つ姿をとらえようとする教育的著作も，少なくとも17世紀にはみられ始める。例えば，コメニウス（ラテン語でコメンスキーのこと。一般的にはこのように呼ばれる）の著作は，そのような代表例の一つであるといえるだろう。宍戸健夫・阿部真美子編著『戦後保育50年史①　保育思想の潮流』（日本図書センター，2014）の第1章に海外の保育思想として「コメンスキー　誕生から6歳までに習熟させるべきことと」（1633）として紹介されている内容は，『母親学校の指針』と『世界図絵』からの引用である。コメニウスのいう「母親学校」とは，いわゆる「学校」のような特定の場所や建物，施設を指すものではない。母親の膝の上が学校であり，そこで6歳までの子どもたちが学ぶのである。

　コメニウスは，そこでの「幼いものが絶対に指導されなくてはならないという目標の内容」として，①信仰心と敬虔な心，②作法と品性，③言語とあらゆる類の実践的知識に精通すること，の3点をあげた。①の信仰に関する内容を除けば，現代において必要とされる内容との共通点も想像される。以下，②・③を理解しやすいように表2-2にまとめてみた。

　ブリューゲルの描く，広場で蠢き合う子どもの姿に比べればかなり堅苦しい感があることは否めない。しかしながら，コメニウスは，子どもが遊びを通して何かを学んでいることをよく理解しており，幼児に対する教育内容としては表2-2のものをあげながらも，方法としては遊びを通してこれらを教えることを重視していた。

　しかし，ここで一つ付け加えておかなければならない。この時代において，子育ての始まりは授乳であるということである。生まれたばかりの子どもに授乳することはもちろんのことであるが，当時は授乳によって性格が形成されたり，品行が良くなったり悪くなったりするという言説がみられた。代表的なものとしては，イングランドで最初の小児科医ともいわれるトマス・フェアの『子どもの書』（1588）などがあげられる他，コメニウスの『母親学校の指針』にも同様の言及がみられる。このような主張は，ジョン・ロックの『教育に関する考察』（1693）が出版された時期とほぼ同じ，17世紀末頃まで続いていた。

表2-2　コメニウス『母親学校の指針』における「幼児が教えられるべきこと」

②作法と品性（小さな幼子が教えられるべきこと）		
(1)	中庸（ちゅうよう）	自然の必要性に応じる，必要以上に飲み食いしない
(2)	身だしなみ	あらゆる養護におけるよい作法を用いることに馴れる
(3)	気遣い	年長者に対して，自分の行為，言葉，外見に関する注意
(4)	従順	ここから実際的な従順が生まれる
(5)	正直	あるものはある，ないものはないというようになる
(6)	正義	他人のものに手をかけたり，反抗的な行いをしない
(7)	勤労精神	怠惰（たいだ）をなくす
(8)	沈黙	お祈りや年長者が話している場合など，必要な場合には
(9)	自己統治	自分の意思を我慢したり，退けたりすること
(10)	自発的な奉仕	年長者に対する，幼いものの美しい飾りである
(11)	礼儀の習慣	物柔らかにふるまい，挨拶し，礼を言い…など
(12)	重厚さ	傲慢（ごうまん）な，ぎこちないあるいは粗野な衝動にならないように
③実践的知識（事柄を知る，事柄を行う，事柄について話す）		
(1)	自然の事物の知識	生物の名，土地・水域・空気・火の名，雨・雪，鉛など
(2)	光学	光とは何か，暗闇とは何か，色の名
(3)	天文学	太陽，月，星
(4)	地理学	住んでいる場所，村，町，都市，野原，丘，山，川
(5)	年代記	時間，一日とは何か，一夜，一週間とは，季節とは
(6)	歴史	2年，3年，4年過ぎた何かを記憶する
(7)	家政学	誰がうちの人に含まれ，含まれていないか
(8)	政治学	市長，議員，市民，参会すること
(9)	弁証論の初歩	質問とは何か，答えとは何か
(10)	算術の基礎	多い少ない，20ないし60まで数える，奇数偶数，足し算
(11)	幾何学の基本	大小，長短，広い狭い，単位等
(12)	音楽	短詩を若干そらんじて歌う
(13)	職匠の仕事の初歩	何かを切る，切り落とす，やすりをかける，折りたたむ

出典）コメンスキー著，藤田輝夫訳：母親学校の指針，玉川大学出版部，pp.33-37，1986. を参考に筆者作成

（3）子どもへの関わり

　全ヨーロッパにおける著名人であったコメニウスの影響は，滞在先では特に強く，イングランドではコメニウスの受容が盛んに行われた。なかでも，コメニウスの紹介者の一人であるエゼキアス・ウッドウォードの『子どもへの遺産』には，コメニウスの影響が色濃くみられ，子どもに指導する内容について，少し前の時代によくみられた宗教教育やしつけ・マナー，単なる読み書

きとは異なったものがみられる。

　『子どもへの遺産』全10章のうち，第7章にその内容がみられる。幼児期は生まれてからのケアが必要とされる第一の時期，心身のコントロールができるようになるための第二の時期，そして第三の時期が第7章で描かれる時期であり，そこで必要とされるのは，前述したコメニウスの実践的知識に相当し，『世界図絵』の内容も彷彿とさせるものである。そこでは，Ⅰ.大地とそこの生物，Ⅱ.水とそこの生物，Ⅲ.空気とそこの生物，Ⅳ.大空とその素晴らしさ，の4つの項目があり，その学び方は「観察によって多くのものを得る」のだとされる。それは単に知識として学ぶのではなく，「子どもの感覚を最大限に利用」し，子どもと生物を触れさせ，そして生物の本を用いて確認する。ここでは，まず子どもは，経験を通して学ぶのである。そして，ウッドウォード自身が「この道に最も通じていたのがコメニウスである」[5]と述べている。

　17世紀という近代までまだしばらく猶予を残す時代においても，「大人」に向けるものとは異なる「子ども」に向ける視線があり，子どもを対象としての関わり方があったことが示されている。では，果たして近代以前のこのような子どもへの視線は，近代以降の「保育」の中でどのように引き継がれていったのであろうか。

2．明治～戦前の日本の保育

（1）フレーベルと日本の保育

　草創期の日本の保育はフレーベルの幼稚園に強く影響を受けていたが，アメリカを通して学んだその方法・内容はまた，アメリカにおいて論議を呼んだフレーベルの考案による恩物（Gabe, Gift）の使用方法をめぐる論争をも引き継いでいた。

　1876（明治9）年に開設された東京女子師範学校附属幼稚園の保育内容は，大きく「課業」と呼ばれる内容と，自由遊びから成り立っていた（図2-2）が，当初は，自由遊びは保育内容として意識されないものであった。1887（明治20）年の同園規則では保育3科目が定められており，それらは以下のようなものである。

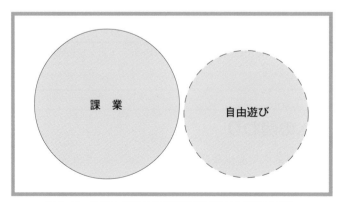

図2-2　東京女子師範学校附属幼稚園の保育内容①
出典）太田素子・浅井幸子編：保育と家庭教育の誕生　1890-1930，藤原書店，p.45，2012.

- 第一　物品科：日用の器物すなわち椅子机或いは禽獣花果等につきその性質あるいは形状等を示す
- 第二　美麗科：美麗とし好愛する物すなわち彩色等を示す
- 第三　知識科：観玩によって知識を開くすなわち立方体あるいは幾個の端線平面幾個の角より成り其形はいかなるか等を示す

　また，1884（明治17）年に改正された同園の規則によって，保育内容として20課（目）が定められている（表2-3）。

表2-3　東京女子師範学校附属幼稚園の保育内容20課（1884年）

①会集	②修身ノ話	③庶物ノ話	④木ノ積立テ	⑤板排ベ
⑥箸排ベ	⑦鐶排ベ	⑧豆細工	⑨珠繋キ	⑩紙織リ
⑪紙摺ミ	⑫紙刺シ	⑬縫取リ	⑭紙剪リ	⑮画キ方
⑯数ヘ方	⑰読ミ方	⑱書キ方	⑲唱歌	⑳遊嬉

　表2-3の20課のうち②，⑤，⑥，⑦，⑧，⑨，⑩，⑪，⑫，⑬，⑭，⑮の12課にはフレーベルの恩物が用いられていた。この恩物を用いた保育の方法は明治20年代から30年代にかけて批判の対象となるのであるが，アメリカにおいても恩物の抽象性や体系的な指導課程が批判の対象となっていた。そこでは，「本来，子どもの自発的な興味や遊びを重視するフレーベルの根本精神と矛盾する」という批判のもと，「幼児期の子どもの遊びの心理的特質はどこにあるか」「遊びを指導する—自発的な遊びを教育の基礎に据えながら，教育を計画する—ことはなぜ可能か」が議論となっていた[*1]。

（2）保育科目から保育4項目へ

　このようなフレーベル主義や幼稚園における教育方法をめぐる論争が展開される中で，フレーベルの恩物（表2-4）による保育内容が「手技」として一つにまとめられ，1899（明治32）年の「幼稚園保育及設備規定」において，保育内容は「遊戯」「唱歌」「談話」「手技」の4項目へとまとめられていった（「遊嬉」は1900（明治33）年，「小学校令施行規則」において「遊戯」へと改められる）。

[*1] 太田素子・浅井幸子編『保育と家庭教育の誕生　1890-1930』藤原書店，p.35，2012。また，アメリカではデューイによるフレーベルの幼児教育に対する見解（デューイ，J.『学校と社会』第5章「フレーベルの教育原理」），スタンレー・ホールによる児童研究の進展などを参照しておきたい（楊ジェン『アドルフ・マイヤーの精神衛生運動—教育と習慣形成—』，共同文化社，2014）。

表2-4　フレーベルの恩物（第11恩物まで）

第1恩物	赤・黄・青・橙・緑・紫の毛糸の玉
第2恩物	立方体，円筒，球
第3恩物	8個の小立方体で合わせて1個の立方体になる物
第4恩物	あわせて1個の立方体になる各稜※が4：2：1の比になる小直方体
第5恩物	27個の部分立方体からなる立方体
第6恩物	立方体と直方体の積木
第7恩物	色板
第8恩物	棒
第9恩物	正方形・二等辺直角三角形・正三角形・不等辺直角三角形等の板
第10恩物	小箸
第11恩物	植物の種子・小石・木の葉をかたどった物

※　稜：多面体における平面と平面との交わりの線分。

（3）保育内容と遊び

　保育4項目の成立に至る過程では，遊び（「お遊戯」を意味する「共同遊戯」に対しての「随意遊戯」としての「遊び」）に対する見解の変化が一つの特徴として浮上する。太田[6]によれば，まず中村五六（1890（明治23）年から1909（明治42）年［中断あり］，東京女子師範附属幼稚園主事）が遊びの重要性を理解したことにはじまり，フレーベルの汎神論的思想や自然法則への認識を否定しつつも遊び論は引き継いだ東基吉（1900（明治33）年〜1905（明治38）年，同園批評係），さらに時間割の必要性を感じなくなり，遊びのおもしろさの追求，無目的性を理解して遊びが幼児の生活経験に起源をもつことを喝破した和田実（1905（明治38）年〜1912（大正元）年，同園批評係）へと，保育内容における遊びの重要性が拡大した過程をたどることができる[*2]。ここでは**図2-2**（p.10参照）から**図2-4**への変遷も確認しておこう。はじめは課業に含まれなかった自由遊びが明治後期には随意遊戯として保育内容で一定の位置を占め，さらに昭和初期には遊びが中心となりそこに課業や生活指導が組み込まれていく。

　さらに，和田の任期の後半，1910（明治43）年に東京女子高等師範学校講師となり，1917（大正6）年に教授となるとともに附属幼稚園主事を兼任することになったのが倉橋惣三である。倉橋は園長就任後に数年に渡りアメリカに留学し，キルパトリックらから進歩主義教育の理論と附属幼稚園での実践を学ぶ。そして帰国後，その教育方法として「プロヂェクトメソッド」（プロジェクト・メソッド）を紹介している。宍戸[7]によれば，1923（大正12）年に『幼児の教育』に掲載された乙武岩造による論考では，プロジェクト・メソッドは，①教材すなわち題材を一つの計画または構築の形で学習させようとするもの，②幼稚園は遊戯を主とするところであるが，遊戯から作業へと進んでいく，それは遊戯的作業である，③遊戯的な作業といっても手当たり放題に

[*2] また，ここに述べたように当初の幼稚園では，小学校のように時間割があり，保育課目が30分（45分の時もあった）で区切られていたこと，そして，それがいつしかなくなり，幼稚園には時間割も時間の区切りもなくなっていったことにも保育の大きな変化があったことを覚えておこう。

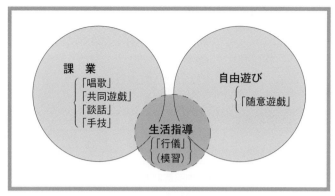

図2-3　東京女子師範学校附属幼稚園の保育内容②
出典）太田素子・浅井幸子編：保育と家庭教育の誕生　1890-1930，藤原書店，p.45，2012．

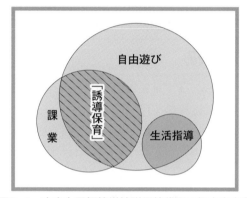

図2-4　東京女子師範学校附属幼稚園の保育内容③
出典）太田素子・浅井幸子編：保育と家庭教育の誕生　1890-1930，藤原書店，p.45，2012．

活動させるのではなく，何らかの材料や対象があり，計画構案の考えを取り入れた作業である，④着眼点はこれを演じ，これを行う子どもの態度の上に，自らこれを計画し，自らこれを構案し，自ら工夫し，自ら処理し，自ら解決を遂げては，さらに，また新しく自ら計画をする，⑤この方法では，その手続きと範囲とは多種多様であって無限に展開される，と紹介され，そして幼稚園での「遊戯的な作業」活動において，十分可能であることが主張されたのだという。

　倉橋の紹介したプロジェクト・メソッドは1930年代には附属幼稚園の保育に定着し，倉橋らの研究によって1935（昭和10）年には日本で初めての，構造的なカリキュラム案である『系統的保育案の実際』が刊行され，そこでの保育内容は**図2-5**のようなものであった。

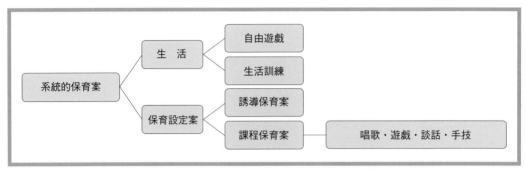

図2-5 系統的保育案の構造・保育内容
出典）宍戸健夫：日本における保育カリキュラム　歴史と課題，新読書社，p.46（図表2），2017. を参考に筆者作成

3．「保育要領」から「保育所保育指針」へ

(1) 5領域へのあゆみ

　戦後の保育内容の検討にあたってまず重要視するべきはやはり，1948（昭和23）年3月に文部省から刊行された『保育要領―幼児教育の手引き』であろう。その作成には「幼児教育内容調査委員会」が携り，GHQ（連合国軍最高司令官総司令部）民間情報部教育部顧問のヘレン・ヘファナンの指導を受けて作成作業が進められた。この保育要領は，「幼稚園だけではなく保育園や託児所等の保母，家庭で育児にあたっている母親におくる幼児教育の手引き」として作成されたものである。

　その保育内容であるが，そこに至る基本的な考え方としては，子どもの興味や要求を出発点とし，子どもの現実の生活を通路とすること，教師は幼児の活動を誘い促し助け，その成長・発達に適した環境づくりをすること，幼児を取り巻く生活環境に順応せしめること，などが「まえがき」に表されており，児童中心主義，経験主義的な保育を基本としている。このことは，1947（昭和22）年に制定された「学校教育法」にも表されている（**表2-5**）。

表2-5　1947（昭和22）年学校教育法制定当初の幼稚園の条文

1947（昭和22）年「学校教育法」
第77条　幼稚園は，幼児を保育し，適当な環境を与えて，その心身の発達を助長することを目的とする。 第78条　幼稚園は，前条の目的を実施するために，次の各号に掲げる目標の達成に努めなければならない。 　一．健康，安全で幸福な生活のために必要な日常の習慣を養い，身体諸機能の調和的発達を図ること。 　二．園内において，集団生活を経験させ，喜んでこれに参加する態度と協同，自主及び自立の精神の芽生えを養うこと。 　三．身辺の社会生活及び事象に対する正しい理解と態度の芽生えを養うこと。 　四．言語の使い方を正しく導き，童話，絵本等に対する興味を養うこと。 　五．音楽，遊戯，絵画，その他の方法により，創作的表現に対する興味を養うこと。

そこでの保育内容は，「見学，リズム，休息，自由遊び，音楽，お話，絵画，制作，自然観察，ごっこ遊び・劇遊び・人形芝居，健康保育，年中行事」の12項目であった。戦前の保育4項目から大幅に項目が増え，その内容も細分化された12項目であったが，教育学者，保育関係者からもその配列や名称についての批判，その考え方についての批判も提示された。

のちに，「保育要領」を引き継いで「幼稚園教育要領」が1956（昭和31）年に制定されると，その保育内容は「健康，社会，自然，言語，音楽リズム，絵画制作」の6領域へと集約された。次いで，1963（昭和38）年には文部省，厚生省のいわゆる両省局長通知で「保育所の持つ機能のうち，教育に関するものは幼稚園教育要領に準ずることが望ましい」とされ，保育所における保育内容は「幼稚園教育要領に準じた就学前教育を保育所保育指針に沿って保育することが必要である」とされた。そして，翌1964（昭和39）年に「幼稚園教育要領」が改訂されると（保育内容は同じ6領域），1965（昭和40）年には「保育所保育指針」が制定された。**表2-6**にその保育内容をあげる。

表2-6　望ましい主な活動（保育所保育指針，1965（昭和40）年

（望ましい主な活動）
1歳3か月未満　　　　：生活，遊び
1歳3か月から2歳まで：生活，遊び
2歳　　　　　　　　：健康，社会，遊び
3歳　　　　　　　　：健康，社会，言語，遊び
4・5・6歳　　　　　：健康，社会，言語，自然，音楽，造形

最初の「保育所保育指針」の4・5・6歳の保育内容は，基本的に「幼稚園教育要領」と共通するものであった。その後，「幼稚園教育要領」「保育所保育指針」における保育内容は1989（平成元）年の改訂（改定）で現在と同じ5領域（健康，人間関係，環境，言葉，表現）とされ，「保育所保育指針」においてもそれに合わせて改訂（改定）が行われてきた。現行の「幼稚園教育要領」「保育所保育指針」については，のちの章で詳しく触れる。

（2）遊びと環境

さて本章の最後にあたり，「幼稚園教育要領」「保育所保育指針」「幼保連携型認定こども園教育・保育要領」を貫く基本的な観点について触れておきたい。幼稚園，保育所，認定こども園での保育・幼児教育にあたってはさまざまないくつかの原理があるが，保育の内容・方法に関していえば「環境を通して行う教育及び保育」と「遊びを通しての総合的な指導」の2点をあげておかなければならない。この原理は，子どもが自らの興味・関心によって自発的に遊ぶことを保障し，生活と結びついた遊びの中で自らの存在やちからを発揮し，感じることを可能にするものだといっても過言ではない。

本章で述べてきた保育内容の歴史とは，子どもを「子ども」としてとらえ，子どもが「子どもらしく」生活し，成長しようとする姿をいかに見出し，広げ，守るために，先人たちが工夫し，思案を重ねた歴史であったのではないだろうか。その思いを受け継ぎ，豊かな環境で，伸び伸びと遊ぶ子どもの姿を実現していくためにも，保育内容を学び，究めていくことは欠かせないであろう。

【p.7のクイズの解答】『子どもの遊戯』の遊びは，下記の数字の部分にあります。

【演習問題】
① 本章を学んで，発見したことを3つあげてみよう。
② もっと深めたいと思った用語について話し合ってみよう。

引用文献
1) Pollock, Linda, A.：*Forgotten Children, parent-child relations from 1500 to 1900*, Cambridge University Press, pp.96-100, 1983.
2) ライトソン・K, 中野 忠訳：イギリス社会史1580-1680, リブロポート, pp.177-196, 1990.
3) 森 洋子：ブリューゲルの「子どもの遊戯」─遊びの図像学─, 未来社, pp.41-43, 1989.
4) 本田和子：異文化としての子ども, ちくま文庫, pp.34-40, 1992.
5) エゼキアス・ウッドウォード：子どもへの遺産, 1640（邦題筆者訳）（原著 Woodward, Ezekias：*Childes Patrimony*, London, p.98, 1640）.
6) 太田素子・浅井幸子編：保育と家庭教育の誕生 1890-1930, 藤原書店, pp.48-55, 2012.
7) 宍戸健夫：日本における保育カリキュラム 歴史と課題, 新読書社, pp.29-30, 2017.

参考文献
・大桃伸一：「保育要領（1948）における保育の方法・技術」, 県立新潟女子短期大学紀要, 第45号, pp.95-102, 2008.
・柴崎正行編著：保育内容の基礎と演習, わかば社, 2015.
・トマス・フェア：子どもの書（原著 Phaer, Thomas：*The Boke of Chyldren*, London, 1544）.

第3章 現代の保育の基本と課題

1．「保育所保育指針」にみる保育の基本

(1)「養護」が基盤である

1) 保育を必要とする子ども

　2017（平成29）年改定「保育所保育指針」に記されているように，保育所に入所している子どもたちは「保育を必要とする」子どもであることを忘れてはならない。この事由については，「子ども・子育て支援法施行規則」第1条に，①就労，②妊娠・出産，③保護者の疾病・障害，④同居又は長期入院等している親族の介護・看護，⑤災害復旧，⑥求職活動・起業準備を含む，⑦就学・職業訓練校等における職業訓練を含む，⑧虐待やＤＶのおそれがあること，⑨育児休業取得時に，既に保育を利用している子どもがいて継続利用が必要であること，⑩その他，上記に類する状態として市町村が認める場合，と10項目があげられている。保育所に入所しているということは，これらの事由に該当し，保育の必要性が高いことが認定されているからこそ入所しているのである。

　よって，保育所保育の基盤は「養護」でなければならない。「保育所保育指針」において，まず「生命の保持」があげられているのは，上記の事由で保護者が子どもを保育することが困難であるために生命の危機にさらされる可能性があるからであり，保育士はまず子どもの生命を保護者の代わりに守ることが求められているといえよう。

　次に，「情緒の安定」があげられている。保育所は児童福祉施設であり，つまり，家庭に代わる子どもの「生活の場」である。よって，子どもたちが安心して心地よく生活できるように生活環境を整備するとともに，何よりも子どもと保育士との間に愛着関係が形成されなければならない。特に近年，虐待の増加が著しいが，その背景に，保護者自身がその成長過程において子育ての姿に出会っていないため，子育ての仕方や子どもという存在そのものが理解できなくなっている状況がみられる。しかしこの状況は，問題を起こした保護者だけにいえることではなく多くの保護者が抱えている悩みでもある。よって保育士は「保育のプロ」として，子どもが現在（いま）を幸せに生活し，未来（あす）を生きる力を育てる基礎としての愛着関係を形成できるような力を身に付け，磨くことが求められている。

2) 3歳未満児の保育

　図3-1に，乳幼児期全体と1・2歳児の保育利用率について示す。これより以前の平成初期（1990年代後半）の保育利用率は，全体が約23％，1・2歳児は約18％であり，2010（平成22）年までの20年ほどで約10％の伸びであった。これが，2017（平成29）年までの7年間で約10％増加し，特に1・2歳児については45.7％と出生した子どもの約半数が保育を受けている状況にある。

このことは，保育所における3歳未満児の保育が重要な責務を持つことを意味している。3歳未満の発達課題は基本的信頼や自律の獲得であり，このことによって自尊感情や自己肯定感が生み出される。そのためには，大人の安定的で応答的な関わりによって愛着関係を形成することが重要である。その時期に子どもは，「保育を必要とする」ために保育所に入所していることから，保育士は3歳未満児に対する高い保育スキルが求められているといえよう。

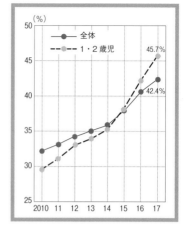

図3-1　保育利用率の推移

出典）厚生労働省：報道発表資料「保育所等関連状況とりまとめ（平成29年4月1日）」平成29年9月1日．より改変（https://www.mhlw.go.jp/file/04-Houdouhappyou-11907000-Koyoukintoujidou kateikyoku-Hoikuka/000 0176121.pdf）

（2）保育所における教育のあり方

1）幼児教育を行う施設としての共通化

2017（平成29）年の「保育所保育指針」「幼稚園教育要領」「幼保連携型認定こども園教育・保育要領」の同時改訂（改定）によって，この3施設は幼児教育を行う施設として共通化された。保育所においては，この意味はとても大きい。

保育所の保育内容は，「児童福祉施設最低基準」（2012（平成24）年の改正で「児童福祉施設の設備及び運営に関する基準」と名称変更された）第35条において2008（平成20）年までは「保育所における保育の内容は，健康状態の観察，服装等の異常の有無についての検査，自由遊び及び昼寝のほか，第12条第1項に規定する健康診断を含むものとする」とされており，教育は明記されていなかった。このことによってそれまでの保育所において教育に重きがおかれていなかったと考えるのは短絡的ではあるが，法的には教育を行う施設ではなかったことは否めない。

これが，2008（平成20）年の「児童福祉法」の改正とともに「児童福祉施設最低基準」も改正され，「保育所における保育は，養護及び教育を一体的に行うことをその特性とし，その内容については，厚生労働大臣が定める指針に従う」（第35条）と，教育が明記された。これは，保育所保育にもきちんと教育が含まれていることが法的に認められた重要な改正であったといえる。また，これまで「保育所保育指針」は児童家庭局長通知であったため法的拘束力を持たなかったが，このときから厚生労働大臣告示となったことによって保育所が遵守すべきものとなった。

しかし，ここで問題となったのは教育の意味である。幼稚園は学校であり，幼保連携型認定こども園は学校教育を行う施設とされていることによって両者ともそこで行われる教育は「学校教育」であるのに対し，保育所で行われている教育は学校教育とは認められていないために，幼稚園・幼保連携型認定こども園に通園した場合と保育所に通園した場合とでは受ける教育に違いがあることになってしまうという問題が生じることとなった。これが前述のように「幼児教育を行う施設」として共通化され，「(1) 育みたい資質・能力」「(2) 幼児期の終わりまでに育ってほし

い姿」が共有されたのである（第1章参照）。このことによって，保育所における教育が，幼稚園，幼保連携型認定こども園で行われている教育と違いがないことが法的に認められたのである。

2）保育所としての教育の特性

「幼稚園教育要領」の「前文」では「幼児の自発的な活動としての遊びを通しての総合的な指導」とあり，「幼保連携型認定こども園教育・保育要領」の「第1章 総則 第1 幼保連携型認定こども園における教育及び保育の基本及び目標等 1 教育及び保育の基本 (3)」にも「遊びを通しての指導を中心として」とあるように，幼児教育は遊びを通して行うこととされている。

これが，「保育所保育指針」では「第1章 総則 1 保育所保育に関する基本原則 (3)保育の方法 オ」に「子どもが自発的・意欲的に関われるような環境を構成し，子どもの主体的な活動や子ども相互の関わりを大切にすること。特に，乳幼児期にふさわしい体験が得られるように，生活や遊びを通して総合的に保育すること」と，遊びだけでなく生活も重要な教育の方法としてあげられている。これは，保育所が幼児教育を行う施設であるだけではなく，「入所する子どもの最善の利益を考慮し，その福祉を積極的に増進することに最もふさわしい生活の場」である児童福祉施設だからである。

よって，保育所における幼児教育は，5領域を意識した豊かな遊びが展開されるような環境を構成することとともに，心地よい生活を送りながら学ぶことができるような環境の構成がなされる必要がある。寝食分離や動線を考えた環境の構成，これらに基づいた人的配置などをていねいに検討することが求められているといえよう。

3）乳児期からの教育

教育はいつから行うものなのか。これについて2017（平成29）年改定の「保育所保育指針」では乳児期からとしている。これは，OECD保育白書2017年版でも，「各国は，社会的流動性を高め，あらゆる子供が自分の能力を最大限活かす機会を得られるように，安価で質の高い早期幼児教育・保育（early childhood education and care, ECEC）を提供する取り組みを強化するべきです」[*1]と報告されており，世界の共通認識となっているといえよう。

しかし，乳児期の子どもの生活する姿から考えた場合，幼児期と同じような5領域に分類することは困難である。そこで，「保育所保育指針」では，「乳児保育に関わるねらい及び内容」を，

ア　健やかに伸び伸びと育つ：健康な心と体を育て，自ら健康で安全な生活をつくり出す力の基盤を培う。

イ　身近な人と気持ちが通じ合う：受容的・応答的な関わりの下で，何かを伝えようとする意欲や身近な大人との信頼関係を育て，人と関わる力の基盤を培う。

ウ　身近なものと関わり感性が育つ：身近な環境に興味や好奇心をもって関わり，感じたことや考えたことを表現する力の基盤を培う。

の3つに整理している。図3-2のように，幼児教育は遊びを中心として行うため5領域も単体で存在しているのではなく，各領域が複合的に混ざり合っている。これがさらに，乳児期の特性としてより複合的になっていると考えられる。乳児保育を行う際は，このことを念頭に置きながら子どもの育ちを把握し，適切な教育的働きかけを行っていくことが求められている。

[*1]　https://www.oecd.org/tokyo/newsroom/improve-early-education-and-care-to-help-more-children-get-ahead-and-boost-social-mobility-says-oecd-japanese-version.htm

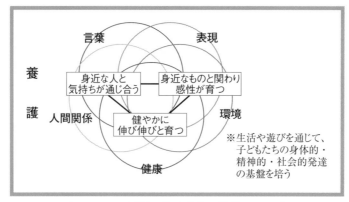

図3-2　0歳児の保育内容の記載イメージ
出典）厚生労働省社会保障審議会児童部会保育専門委員会（第10回）資料4「0歳児の保育内容の記載イメージ」，平成28年12月21日．より改変
（https://www.mhlw.go.jp/file/05-Shingikai-12601000-Seisakutoukatsukan-Sanjikanshitsu_Shakaihoshoutantou /04_1.pdf）

（3）子育ての現状と保護者支援

　現在，子育て力の低下が問題となっている。少子化の進展によって子どもと出会う機会が少なくなった大人たちは，子どものことが理解しづらくなっているためか，保育所の子どもたちの声がうるさいと建設反対の住民運動が行われるなど社会全体が子どもに対して不寛容な状況となっている。よって，この不寛容さが，子育てをしている保護者を苦しめている状況にある。

　また，保護者自身も子どもをどのように育てたらよいかわからないことがある（p.17参照）。紙おむつを販売しているメーカーに，私の子どものおしっこは青くないのだが異常ではないかといった問い合わせがあると報告されて久しいが，虐待として報告された事件においても，子育ての仕方がわからないことによるいらだちが原因となっているものも多い。また，近年問題となっている「スマホ育児」も，関わり方がわからないことがきっかけとなっていることが多い。

　保育所は，「保育所保育指針」「第1章　総則　1 保育所保育に関する基本原則　(1)保育所の役割　ウ」において，「入所する子どもの保護者に対する支援及び地域の子育て家庭に対する支援等を行う役割を担うもの」とされている。その支援の際には，上記のような保護者の状況を理解し，ていねいに，寄り添いながら行うことが求められている。

　保護者は，早寝早起き・朝食の摂取などの生活リズムや「メディア」についての諸問題の改善等のさまざまな指導を受け入れにくくなっている。これは，サービス提供者よりもサービス受給者の方が利用料を支払う上位の存在であるという「利用者意識」が社会全体に浸透しており，保育もサービスとして扱われるようになったことが要因の一つであると考えられる。

　このため，保護者が保育の指導を受け入れるようになるためには，まずは信頼を得なければならない。この信頼は，「子どもがよく育っている」と保護者が実感したときに生み出されるものである。よって，例えば生活リズムの改善についても，保育所でできることは何かを検討・実践して改善を促した上で，保護者に情報を提供しながら指導することが求められている。子どもが抱えている諸問題に対し，「子どもの最善の利益」を考慮し，保護者に要求・指導する前に保育所としてまず何ができるのかを検討，実践することが求められている。

また、保育者自身もその育ちの過程において子育ての姿をみる機会が少ないことは同じであるために、保育力が低下してきている状況がみられる。保育者は「プロ」であることを自覚し、絶えず保育力を高める努力を怠ってはならない。

2.「幼稚園教育要領」にみる保育の基本

(1)「幼稚園教育要領」にみる幼児教育の理解

1) 幼児教育の目的と基本

　2017（平成29）年改訂「幼稚園教育要領」では、冒頭に「前文」として教育の基本の確認の文章が加えられた。そこでは、「教育基本法」第1条に定められた「教育」の目的を確認している。また、その目的を達成するために同法第2条に示された5つの目標が達成されるように行われなければならないとしている。加えて、幼児期の教育においては、同法第11条で掲げている「生涯にわたる人格形成の基礎を培う重要なもの」であり、「これからの幼稚園には、学校教育の始まりとして、こうした教育の目的及び目標の達成を目指しつつ、一人一人の幼児が、将来、自分のよさや可能性を認識するとともに、あらゆる他者を価値のある存在として尊重し、多様な人々と協働しながら様々な社会的変化を乗り越え、豊かな人生を切り拓き、持続可能な社会の創り手となることができるようにするための基礎を培うことが求められる」としている。

教育基本法

第1条（教育の目的）
　教育は、人格の完成を目指し、平和で民主的な国家及び社会の形成者として必要な資質を備えた心身ともに健康な国民の育成を期して行われなければならない。

第11条（幼児期の教育）
　幼児期の教育は、生涯にわたる人格形成の基礎を培う重要なものであることにかんがみ、国及び地方公共団体は、幼児の健やかな成長に資する良好な環境の整備その他適当な方法によって、その振興に努めなければならない。

　幼児期における教育の特徴とは、「第1章総則　第1幼稚園教育の基本」に記されているように、幼児自らが身近な環境に主体的に関わる中でさまざまな学びを得ていくことであり、その中心になるのは自発的な活動としての遊びである。幼児は遊ぶ中でさまざまな学びを得ていき、そしてその学んだことを遊びに生かしながら日々の園生活を送っている。無藤[1]は、「幼児の学びの芽生えとは、遊びの中に生まれる潜在的な学びのこと」であり、「学ぼうとして獲得することではなく、遊び自体にのめり込み、それをさらに面白くしようとする子どものかかわりから生まれ」くると述べている。それに対して、小学校の授業での学びとは、学ぼうと意識してする、すなわち自覚的な学びであるとしている。幼児期における教育を理解するにあたっては、幼児の「遊び」こそが「学び」であり、「遊び」の中で「学び」を得ていくということを理解し、両者の関連を幼児教育の原則として踏まえておかなければならない。

したがって、子どもと園生活を営む保育者は、幼児の自発性や主体性を大切にするために常に幼児の興味や関心から保育を考えることや、幼児が自ら関わりたくなるような魅力的な環境構成や教材の工夫をすることにより、幼児の遊びが充実したものとなるようにすることが重要であり、幼児期にふさわしい生活を子どもと共に創造していくことが求められるのである。

2）幼児期にふさわしい教育・保育の内容―「ねらい」と「内容」

では、幼児期にふさわしい生活とはどのようなものであろうか。「幼稚園教育要領解説」の「第1章 総説 第1節 幼稚園教育の基本 3 幼稚園教育の基本に関連して重視する事項 (1)幼児期にふさわしい生活の展開」には、幼児期の生活をとらえる上で重要な視点として、①教師との信頼関係に支えられた生活、②興味や関心に基づいた直接的な体験が得られる生活、③友達と十分に関わって展開する生活、の3つが示されている。幼稚園教育においては、これら3つの生活を基盤としながら、いかに幼児が主体的に周囲の環境と関わりながら遊びを充実させることができるかが鍵となる。

保育者は、幼児が心ゆくまで遊びに没頭してほしいと願っている。しかし、遊びに夢中になる姿を幼児に求めるとき、そこに保育者の教育としての意図的な関わりを欠かすことはできない。その意図のある保育者の関わりを明確化したものとして、「ねらい」と「内容」がある（表3-1）。

表3-1 幼稚園教育における「ねらい」と「内容」

ねらい	幼児が生活を通して発達していく姿を踏まえ、幼稚園教育において育みたい資質・能力を幼児の生活する姿から捉えたもの ※幼稚園生活の全体を通して幼児が様々な体験を積み重ねる中で相互に関連をもちながら次第に達成に向かうもの
内 容	ねらいを達成するために教師が幼児の発達の実情を踏まえながら指導し、幼児が身に付けていくことが望まれるもの ※幼児が環境に関わって展開する具体的な活動を通して総合的に指導されなければならないもの

出典）文部科学省：幼稚園教育要領解説 第2章ねらい及び内容第1節ねらい及び内容の考え方と領域の編成，2018.

前項でも幼児期における遊びと学びの関連について述べたが、幼児は充実した遊びの中で豊かな学びを得ている。したがって、単に子どもが好きなときに好きなだけ好きなことをしており、そこに保育者の願いや働きかけがほとんどないような放任的な遊びとは、幼児教育における真の遊びとはいえない。遊びには保育者側の「ねらい」を欠かすことはできないのである。

また、それと同時に注意されなければならないことは、この「ねらい」とは保育者が一方的に設定するものではなく、保育者によるていねいな幼児およびクラスの実態把握、子ども理解から導き出されるものであるということである。幼児の現在地、つまり幼児が育っていく過程の中で、目の前の幼児が今どこに位置しているのかをとらえておかなければ、ふさわしい「ねらい」と「内容」を立てることはできないということを肝に銘じておく必要があるだろう。

「ねらい」と「内容」は、幼児の発達の側面から、心身の健康に関する領域「健康」、人との関わりに関する領域「人間関係」、身近な環境との関わりに関する領域「環境」、言葉の獲得に関する領域「言葉」、感性と表現に関する領域「表現」の5領域で構成されている。領域とは小学校の教科とは異なるものである。例えば、砂水遊びの場面を取り上げてみると、そこには、砂や水の感触、冷たさ等を楽しむ姿、教師や友だちと一緒に遊ぶ中でコミュニケーションをとりなが

ら，友だちを受け入れたり受け入れられたりする経験，言葉のやりとり，バケツやスコップなどものを貸し借りする場面，砂の山や川を自分（たち）のイメージ通りに表現するための試行錯誤，遊び終わった後の手洗い，うがいや服の着替え等，5領域のすべてが含まれていることがわかる。したがって保育者は，各領域の特徴を踏まえながら総合的に指導し，環境構成を行っていかなければならない。ただし，この各領域に示されている「ねらい」および「内容」は，あくまで全国的なガイドラインともいえるものであるため，実際は各園の幼児の実情や地域の実態などに応じてそれぞれの園や保育者によって具体的に組織する必要があることに留意しておきたい。

（2）「幼稚園教育において育みたい資質・能力」および「幼児期の終わりまでに育ってほしい姿」

　保育現場で行われている生活や遊びの中には，保育者の願いが込められ，子ども一人一人の興味・関心や育ちの状況に応じて，「ねらい」と「内容」が導き出されると述べたが，計画された教育課程および日々の実践の後には，保育の振り返り・評価がなされなければならない。そして，自らの実践の改善を行い，再度，次の保育実践へつなげていく。この保育全体の流れをPDCAサイクルともいう（図3-3）。保育者は，このサイクルを意識しながら，生活や遊びの中で幼児がどのような経験を積み重ねているのか，どのような感情体験をしたのか，そのことが子どもの育ちにとってどのような意味があったのか等についてとらえ，子どもが何を学び，何がどう伸びたのかを把握していくことが重要なのである。これからの保育者には，"保育の中で幼児が何を学び，どう育っていくのか"ということを保護者はもちろん，広く地域社会に発信していくことが求められている。

　しかしながら一方で，このPDCAサイクルは，成果主義に基づく考え方であるため，保育には馴染まないとの指摘もある（例えば磯部，2016）[2]。保育の大原則であり中心である遊び，そして，子どもが育つということそれ自体が，停滞や後退を繰り返し，行きつ戻りつしながら，さまざまな体験や感情などが複雑に絡まり合い広がっていく。したがって，PDCAサイクルを意識し過ぎるあまり，目の前に生きる具体的・場面的な子どもの姿を無視したり，単に「～したら～に育つ」というような方法と結果を結びつけたマニュアル的・効率的な保育に陥ったりすることがないように注意をしなければならない。保育実践とは単純な一方向のサイクルとして進むものではないこともまた事実であることを押さえておきたい。

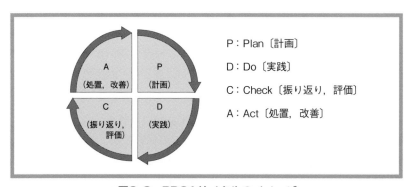

図3-3　PDCAサイクルのイメージ

（筆者作成）

その中で，2017（平成29）年改訂「幼稚園教育要領」には，「第1章 総則 第2 幼稚園教育において育みたい資質・能力」と「幼児期の終わりまでに育ってほしい姿」（10の姿）が示された。「幼稚園教育において育みたい資質・能力」は，3つの柱としてまとめられている（p.1参照）。

この「育みたい資質・能力」（3つの柱）については，これまでも幼児教育・保育の中でも育まれてきているものではあるが，小学校教育との接続の必要性も強調されており，幼児教育とその後の教育につながる具体的な育ちをとらえていくことが求められている。

また，「幼児期の終わりまでに育ってほしい姿」（10の姿）とは，「幼稚園教育において育みたい資質・能力」が育まれている具体的な姿として，特に5歳児後半にみられるようになる姿とされている。もちろん，示された姿は5歳後半になって突然浮かび上がってくるわけではなく，これまでの3歳，4歳での豊かな経験等の積み重ねと保育者による適切な働きかけが前提にあることを忘れてはならない。保育者は，遊びの中で幼児が育っていく中で「幼児期の終わりまでに育ってほしい姿」（10の姿）を念頭に置き，一人一人の育ちに必要な経験が得られるよう指導・援助，環境構成を行っていくことが求められている。しかし一方で，これらの姿を到達目標や育ちのチェックリストのように扱って評価したり，個別に取り出して指導したりすることのないように十分留意しなければならない。

(3) 子どもと共に創る保育を目指して

保育の場とは大人（保育者）と子ども（幼児）が共に集団で生活をする場である。大人と子どもの両者には「育てる―育てられる」という関係性が前提としてある。しかし保育とは，保育者が一方的に子どもを育てる営みではない。幼児教育の特徴でもある環境を通した教育の背景には，幼児とは，環境に主体的・能動的に関わり，身近な人やものなどと相互交渉する能力を有した有能な学び手であるという子ども観があるが，幼児は自ら周囲の世界に働きかけ，応答する中でさまざまなことを学んでいく。そして同時に，保育に携わる大人である保育者には幼児の姿から学ぶ姿勢が求められる。幼児の姿に学ぶとは，言い換えれば，保育者が常に幼児一人一人の今の姿から「ねらい」や「内容」，保育の方法を考えていこうとする姿勢であり，幼児の心や内面世界に徹底的に寄り添おうとする信念ともいえる。

保育とは，その時々の幼児の生活や遊びの中から生成・展開されなければならない。例えば，入園してくる幼児，進級してくる幼児は当たり前であるが毎年異なっている。去年のクラスで盛り上がった遊びが今年の幼児たちにとっても楽しいとは限らない。それにもかかわらず，毎年同じ遊びや活動ばかりの保育を行うのは目の前の幼児とかけ離れた保育が行われているといえるであろう。求められるのは，幼児の意見や要求を盲目的に迎合する保育でもなく，保育者が一方的に主導する保育でもない。また，平均的な発達の目安に沿った"お決まり"の遊びや生活を繰り返す保育でもない。「いま，ここ」を生きる遊び・生活の主体者としての幼児がもつ興味・関心や生活上の必要感，あるいは，自分でもうまく表現できないけれど"こうありたい，こうなりたい"という承認欲求や成長欲求を，教育主体者としての保育者がていねいに汲み取り，自覚させ，その実現と課題克服に向けて両者が共に挑戦していくことこそが，子どもと共に創る保育が意味するものであろう。幼児と保育者がそれぞれの主体性を発揮させながら双方向的・相互作用的に関わり合うとき，いきいきとした豊かな保育実践が紡がれるのである。

3．「幼保連携型認定こども園教育・保育要領」にみる保育内容と課題

　2017（平成29）年に改訂（改定）された，「保育所保育指針」（厚生労働省管轄），「幼稚園教育要領」（文部科学省管轄），「幼保連携型認定こども園教育・保育要領」（内閣府管轄）では，今後の時代背景を予測した新たな試みが行われた。3組織の保育・教育の整合性が図られた内容である。そもそも，3組織の保育現場で成長した子どもたちは一様に，文部科学省管轄の小学校に入学する。乳幼時期の発達について，個人差はあるものの，同じ道筋をたどる。保育の施設によって保育内容や保育の目的がバラバラであるということは矛盾している。「幼保一体化」という言葉は，約45年以上前から議論されてきた課題であったが，「認定こども園」はその課題を解消すべく，就学前の子どもに幼児教育と保育を一体的に行う施設として誕生した。

（1）幼保連携型認定こども園

　認定こども園は教育・保育を一体的に行い，幼稚園と保育所の両方のよさをあわせ持った施設で，地域の実情や保護者のニーズによって選択が可能になる**表3-2**のようなタイプに分類される。

表3-2　幼保連携型認定こども園の機能とタイプ

〈機能〉
①就学前の子どもに幼児教育・保育を提供する機能
　（保護者が働いている，いないにかかわらず受け入れて，教育・保育を一体的に行う機能）
②地域における子育て支援を行う機能
　（すべての子育て家庭を対象に，子育て不安に対応した相談活動や，親子の集いの場の提供などを行う機能）

〈タイプ〉
・**幼保連携型**：幼稚園的機能と保育所的機能の両方の機能をあわせ持つ単一の施設として，認定こども園としての機能を果たすタイプ。
・**幼稚園型**：認可幼稚園が，保育が必要な子どものための保育時間を確保するなど，保育所的な機能を備えて認定こども園としての機能を果たすタイプ。
・**保育所型**：認可保育所が，保育が必要な子ども以外の子どもも受け入れるなど，幼稚園的な機能を備えることで認定こども園としての機能を果たすタイプ。
・**地方裁量型**：幼稚園・保育所いずれの認可もない地域の教育・保育施設が，認定こども園として必要な機能を果たすタイプ。

出典）内閣府：認定こども園概要　子ども・子育て支援新制度．
　　　（https://www8.cao.go.jp/shoushi/kodomoen/gaiyou.html）

（2）「幼保連携型認定こども園教育・保育要領」の基本的な考え方

　「幼保連携型認定こども園教育・保育要領解説」の「序章　第1節 改訂の基本的な考え方　1 改訂の経緯」において，幼保連携型認定こども園の保育については，「幼稚園教育要領（平成29年文部科学省告示第62号）及び保育所保育指針（平成29年厚生労働省告示第117号）との整合性の確

保をし,平成29年3月,内閣府・文部科学省・厚生労働省告示第1号をもって公示した」[*2]と記されている。さらに,方針が**表3-3**のように記されている。

表3-3 幼保連携型認定こども園教育・保育要領の方針

①幼稚園教育要領及び保育所保育指針との整合性の確保
- 幼保連携型認定こども園の教育及び保育において育みたい資質・能力を明確にしたこと
- 5歳児修了時までに育ってほしい具体的な姿である「幼児期の終わりまでに育ってほしい姿」を明確にしたこと
- 園児の理解に基づいた評価の実施,特別な配慮を必要とする園児への指導を充実させたこと
- 乳児期及び満1歳以上満3歳未満の園児の保育に関する視点及び領域,ねらい及び内容並びに内容の取扱いを明示したこと
- 近年の子どもの育ちを巡る環境の変化等を踏まえ,満3歳以上の園児の教育及び保育内容の改善を図り充実させたこと
- 近年の課題に応じた健康及び安全に関する内容の充実,特に,災害への備えに関してや教職員間の連携や組織的な対応について明示したこと

②幼保連携型認定こども園として特に配慮すべき事項等の充実
- 幼保連携型認定こども園の教育と保育が一体的に行われることを,教育・保育要領の全体を通して明示したこと
- 「教育及び保育の内容並びに子育ての支援等に関する全体的な計画」を明確にしたこと
- 幼保連携型認定こども園として特に配慮すべき事項として,満3歳以上の園児の入園時や移行時について,多様な経験を有する園児の学び合いについて,長期的な休業中やその後の教育及び保育等について,明示したこと
- 多様な生活形態を有する保護者への配慮や地域における子育ての支援の役割等,子育て支援に関して内容を充実させたこと

出典)内閣府・文部科学省・厚生労働省:幼保連携型認定こども園教育・保育要領解説,序章 第1節改訂の基本的な考え方 2改訂に当たっての基本的な考え方,2018.

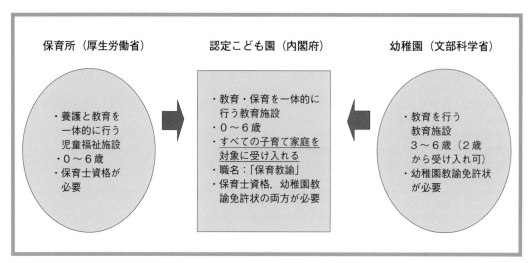

図3-4 3施設のイメージ

(筆者作成)

[*2] 「幼保連携型認定こども園教育・保育要領」を踏まえて,幼稚園型は「幼稚園教育要領」,保育所型は「保育所保育指針」に基づくことが前提である。

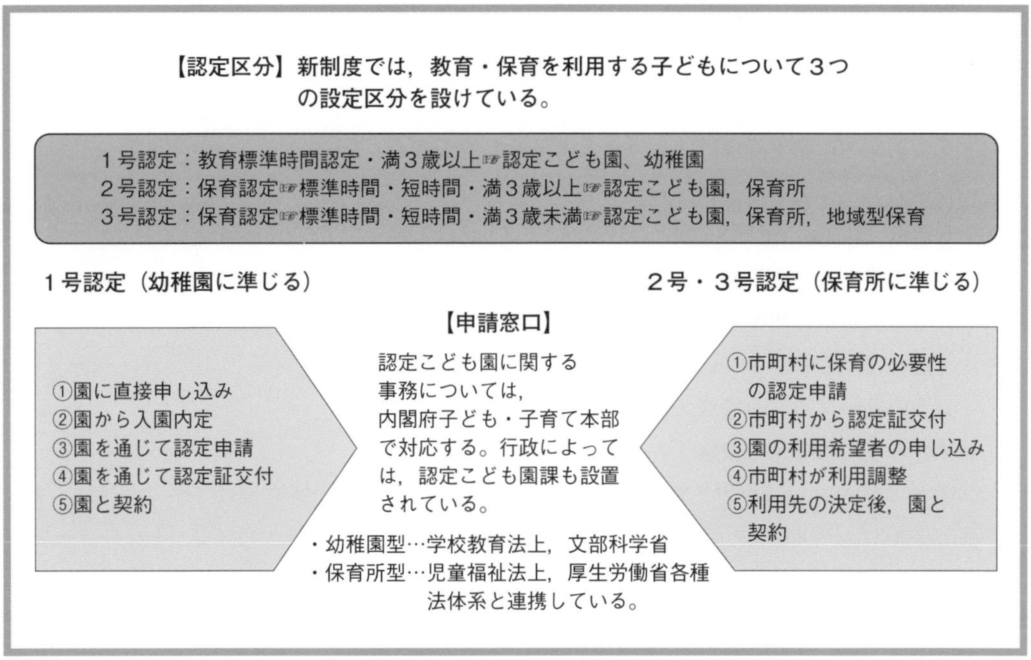

```
【認定区分】新制度では，教育・保育を利用する子どもについて3つ
　　　　　　の設定区分を設けている。

　1号認定：教育標準時間認定・満3歳以上☞認定こども園，幼稚園
　2号認定：保育認定☞標準時間・短時間・満3歳以上☞認定こども園，保育所
　3号認定：保育認定☞標準時間・短時間・満3歳未満☞認定こども園，保育所，地域型保育
```

1号認定（幼稚園に準じる）　　　　　　　　　　　　　　　2号・3号認定（保育所に準じる）

【申請窓口】
認定こども園に関する事務については，内閣府子ども・子育て本部で対応する。行政によっては，認定こども園課も設置されている。

①園に直接申し込み
②園から入園内定
③園を通じて認定申請
④園を通じて認定証交付
⑤園と契約

①市町村に保育の必要性の認定申請
②市町村から認定証交付
③園の利用希望者の申し込み
④市町村が利用調整
⑤利用先の決定後，園と契約

・幼稚園型…学校教育法上，文部科学省
・保育所型…児童福祉法上，厚生労働省各種法体系と連携している。

図3-5　幼保連携型認定こども園の認定区分のイメージ

（筆者作成）

（3）「幼保連携型認定こども園教育・保育要領」の改訂について

　今まで作成されていた，幼稚園の「教育課程」，保育所の「保育課程」という名称が「全体的な計画」[*3]として3施設において統一された。幼稚園は，新たにこの計画の作成が2017（平成29）年の改訂により義務化された。幼保連携型認定こども園の「全体的な計画」とは，教育および保育ならびに子育て支援に関する全体的な計画である。園児の入園から終了までの在園期間の全体にわたって質の高い教育・保育を提供するという観点から，<u>全体を見通した計画を作成しなければならない（カリキュラム・マネジメント）</u>。（下線は筆者，以下同）

1）「教育及び保育」の「ねらい」と「内容」について

・「ねらい」とは，園児が生活を通して<u>発達する姿</u>を踏まえ，幼保連携型認定こども園の「教育及び保育」において<u>育みたい資質・能力</u>を園児の<u>生活する姿</u>からとらえたものである。
・「内容」とは，ねらいを達成するために<u>保育教諭等</u>が<u>園児の発達の実情を踏まえ</u>ながら<u>指導</u>し，<u>園児が身に付けていくこと</u>が望まれるものである。
・「育みたい資質・能力」（3つの柱）は，3施設共通のものであり，（生まれてから大人になるまで）小，中，高校生とつながる次世代育成のための柱である。

　① **育みたい資質・能力（3つの柱）**
　　・知識および技能の基礎
　　・思考力，判断力，表現力等の基礎

[*3] 「全体的な計画」は，全職員の協力の下に園長の責任において作成するものである。

・学びに向かう力，人間性等
② 3つの視点（乳児期の指導事項）
・身体的発達に関する視点「健やかに伸び伸びと育つ」
・社会的発達に関する視点「身近な人と気持ちが通じ合う」
・精神的発達に関する視点「身近なものと関わり感性が育つ」
③ 5領域（満1歳以上3歳未満と満3歳以上に区分され年齢に応じた指導事項）
・心身の健康に関する領域「健康」
・人との関わりに関する領域「人間関係」
・身近な環境との関わりに関する領域「環境」
・言葉の獲得に関する領域「言葉」
・感性と表現に関する領域「表現」
（小学校の教科書による学習と違い，遊びを通して各領域が関連しながら環境に関わって展開し，総合的に指導する教育及び保育内容である）

2）改訂の重要ポイント

① 小学校における教育との円滑な接続

「幼児期の終わりまでに育ってほしい姿」（10の姿）を小学校の教師と共有する。

1）健康な心と体。2）自立。3）協同性。4）道徳性・規範意識の芽生え。5）社会生活との関わり。6）思考力の芽生え。7）自然との関わり・生命尊重。8）数量や図形，標識や文字などへの関心・感覚。9）言葉による伝え合い。10）豊かな感性と表現。

② 教育及び保育は環境を通して行うものである

家庭，地域の生活を含めた園児の生活全体を把握し，豊かなものにする。

1）子どもの発達の特性を踏まえる。2）在園時間の違いに配慮。3）異年齢交流の機会を作る。4）長期休養（夏休みや冬休み）の期間に登園している子どもとの体験の差についての配慮。

③ 災害への備え

「幼保連携型認定こども園教育・保育要領」「保育所保育指針」に新たに追加された項目である。近年，さまざまな災害が発生していることと，長時間保育に対して職員同士が災害の対策や備えの共通認識，子ども自身が身を守ることを日常保育の中で実践していくことが重要である。

④ 全体的な計画を構成する指導計画

満3歳以上の教育を必要とする教育時間の活動計画，満3歳以上の保育を必要とする園児の保育のための計画，満3歳未満の保育を必要とする園児のための保育計画，保護者等に対する子育て支援の計画，一時預かり事業などの活動計画，園生活を見通した全体計画・安全計画・保健計画・災害計画など。

3）課　　題

「幼保連携型認定こども園教育・保育要領」の「第1章 総則」には，「保育教諭等は，園児との信頼関係を十分に築き，園児自らが安心して身近な環境に主体的に関わり，環境との関わり方や意味に気付き，これらを取り込もうとして，試行錯誤したり，考えたりするようになる幼児期の教育における見方・考え方を生かし，その活動が豊かに展開されるよう環境を整え，園児と共によりよい教育及び保育の環境を創造するように努めるものとする」と明記されている。

2017（平成29）年の改訂は，保育教諭等のより質の高い教育・保育について社会的なニーズとともに期待も高まっている事項をより明確にした内容である。そのために今後，最も重視される事項は「アクティブ・ラーニング」による主体的・対話的で深い学び，「非認知的能力（社会的情動スキル）」の育成，「カリキュラム・マネジメント」の検証である。保育者養成校においても，以下の3点を意識した学修法を検討していくことが今後の課題である。

① アクティブ・ラーニング

　乳幼児期の子どもを取り巻く環境のすべてが，子どもの「遊びと生活」に関わりながら子どもは「生き方」そのものを学んでいく。2019年10月から幼児教育の無償化が全面的に実施されることに伴い，「幼保連携型認定こども園」はすべての子どもに福祉と教育を一体的に行う施設としてますます，需要は高まっていくことが予測される。近年提唱されているプレイフルラーニング「遊びの中で学びを見つける」とは，ただ暗記する学習ではなく知り得た知識を活用する力を育成していくことであり，これからの教育・保育の課題でもある。

② 非認知的能力（社会的情動スキル）

　「非認知的能力」とは今までの「幼保連携型認定こども園教育・保育要領」では，「心情・意欲・態度」にあたる内容である。子ども一人一人の目に見えない心の動きであり，養育者（保護者や保育者）との愛着関係が，その後の子どもの学習意欲や協調性，忍耐力，思いやり，自己肯定感，挑戦する力などを育んでいく。目に見える「認知的能力」である記憶や計算，判断力，理解力といわれる学力の育成と関わり合いながら，育みたい資質・能力の3つの柱の土台となるものである。

③ カリキュラム・マネジメント

　園の理念，地域や子どもの実態に即した教育目標を立案し，教育・保育要領に沿った教育・保育の実践やその見直し，職員の研修体系による保育教諭等の資質向上のための指標となるものである（より専門性を高めるための処遇改善やキャリアパスの構築のための組織運営に重要な事項である）。

4．「小規模保育」とは

　最近，「小規模」施設ということばを耳にするようになった。高齢者施設，児童養護施設，障害者施設，保育施設等で共通した問題が，そこで働く人の人材不足，施設の不足による入所者の待機問題である。その解決策として，マンションの一室や民家などでも必要な設備や基準をクリアすれば運営できるようになった小規模施設のことで，グループホームとも呼ばれている。

　小規模保育所は，待機児童対策のために始まった新しい保育事業であり，待機児童の多い0歳から2歳までの子どもを定員6人から19人という小規模で保育をする施設である。また，保育者は必ずしも資格が必要ということはなく，通常の保育所よりも規制緩和されている。

（1）小規模保育の法制化

　2015（平成27）年度より「子ども・子育て支援法」が施行され，「小規模認可保育所」として国の認可事業として位置付けられている。

（2）小規模保育事業について

小規模保育事業について，図3-6にまとめる。

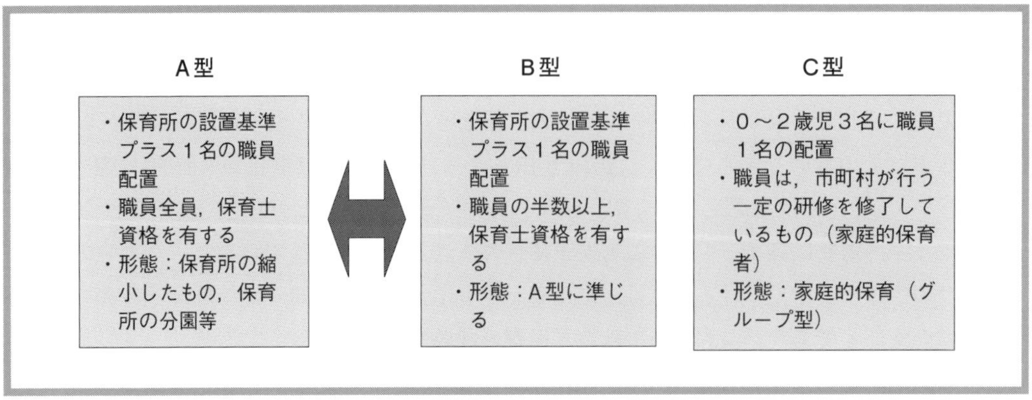

A型	B型	C型
・保育所の設置基準プラス1名の職員配置 ・職員全員，保育士資格を有する ・形態：保育所の縮小したもの，保育所の分園等	・保育所の設置基準プラス1名の職員配置 ・職員の半数以上，保育士資格を有する ・形態：A型に準じる	・0～2歳児3名に職員1名の配置 ・職員は，市町村が行う一定の研修を修了しているもの（家庭的保育者） ・形態：家庭的保育（グループ型）

図3-6　小規模保育の事業別区分のイメージ

（筆者作成）

（3）小規模保育事業のメリットとデメリット

近年は，多様な事業主体の小規模保育所が増え，企業型として，働く従業員のために保育施設を併設したり，病院内や乳児院・児童養護施設内，高齢者施設内に併設したりする事業所も増加してきた。また，受け入れが満2歳児までなので，その後の受け入れ先がスムーズにいくように，幼稚園が認可を受けたり，保育所が分園として認可を受けたりするケースも多くなってきた。少人数で落ちついて保育ができるとして，小規模保育所に就職する潜在保育士[*4]や学生も年々増えている。しかし，乳児専門の保育は，事故防止のための危機管理等，高度な専門知識や保育技術が必要になってくる。また，「命を守り，心を育てる」という保育者としての倫理観や使命感を持ち，親の育児不安を取り除き社会に支えられて子育てができる「子育ての社会化」の支援として，伴走型の子育ての一翼を担っているという自覚を持つことが必要である。

【演習問題】
① 本章を学んで，特に心に残ったことを3つあげてみよう。
② もっと調べたいと思った用語について話し合ってみよう。

---

*4 保育士や幼稚園教諭の免許を持っていても，幼稚園や保育所，こども園などで働いていない人を指す。（出所：朝日新聞（2013. 8. 4））

引用文献
1）無藤　隆：「第6章　幼児教育と小学校教育を展望する」，秋田喜代美・第一日野グループ編：保幼小連携—育ちあうコミュニティづくりの挑戦，ぎょうせい，p.185，2016．
2）磯部裕子：「第12章　保育における計画論」，日本保育学会編：保育学講座3　保育のいとなみ：子ども理解と内容・方法，東京大学出版会，pp.257-273，2016．

参考文献
・汐見稔幸・無藤　隆監修，ミネルヴァ書房編集部編：平成30年度施行保育所保育指針　幼稚園教育要領　幼保連携型認定こども園教育・保育要領　解説とポイント，ミネルヴァ書房，2018．
・内閣府：認定こども園概要　子ども・子育て支援新制度．
・内閣府・文部科学省・厚生労働省：幼保連携型認定こども園教育・保育要領解説，2018．
・文部科学省：幼稚園教育要領，2017．
・文部科学省：幼稚園教育要領解説，2018．

コラム　〜保育者を目指すあなたへ〜

　人間は誰もが，ある時代，ある一定の地域で，ある特定の家庭に生まれ育つが，生まれ育つ家庭を子どもたちは選択できない。さらに，その国の社会制度，風習，生活様式などの社会的・文化的な環境は，個人の人格形成に大きく影響し，個人を規定する要因になる。乳幼児期の生活や遊びを通じて学ぶ教育は，最も重要な「環境」といえる。

　学校教育は，主に教科書をもとに学習していくが，乳幼児期の教育・保育は「遊びを通して生活の仕方＝生き方そのもの」を学んでいく。

　保育者は，善悪の判断を取得する過程の，模倣時期の子どもにとって，家族以外で初めて出会う大人である。保育者はいわば「生きた教科書」といえる。その意味からも，保育者は，「子どもの命を守り育て，心を育む」子どもの未来を照らす希望の光であり，保育の営みは，尊く，やりがいのある仕事である。

　今の世の中は，ものすごいスピードでいろいろなことが変化を遂げる時代である。自分自身で，瞬時に判断できる「心の物差し」を持たなければならない。その基準は，「子どもの最善の利益」を第一に考えること，大人の都合で子どもを自由自在に操ることではない。

　保育者を目指すあなたは，どのような社会人になっていくのだろうか？

　「命名」とは，生まれたときに命に名前を付けられ，その名前で人生を生きていく。これからいろいろなことを経験しながら，自分に与えられた役割を果たすために命を使っていくことを「使命」という。

　保育者を目指すあなたは，子どもたちの未来を導くための「希望の光」になる覚悟はできているだろうか？

第4章 乳児期の保育

　乳児期は，安心できる身近な人に支えられ，受容的・応答的な関わりを通して，愛着関係が形成される。そして，これを拠り所として，人に対する信頼感が培われ，身近な人に親しみ，心を通わせる喜びを感じながら人として健やかに成長する。

　本章においては，そのような乳児期の生活において，安心できる人に支えられながらも自分と人，自分と「もの」という二項関係や成長を促す環境や遊びから，どのような発達がみられ，それが，どのような育ちにつながっているのかをエピソードを交えて考えてみることにする[*1]。

1．人との関わりで育つ

(1) 乳　　　児

　乳児は，身体的にも精神的にも未熟な状態で生まれ，大人によって生命が保持され養育される。また，生命を保持していくために，生理的欲求（食事・睡眠・清潔・排泄，その他）が満たされることで心地よく生活をする。乳児は，生命を保持してくれる人との間で情緒が安定してくると，自分にとって心地よい大人を特別な存在として受け入れられる。そして，そこから愛着が形成され，人と関わろうとする力が芽生える。

　乳児は，生後間もない頃から，人の声に反応し，自分との関わり方を模索している。大人に保護され養育されている存在ではあるが，人と関わろうとする能動的な力がある。お腹が空いたり，おむつが汚れたりすると，泣いて自分の不快感を発信し，周囲にサインを送る。そのサインを受けて周囲の大人が応答する。このように，乳児には潜在的に人と関わる能力が生まれながらに備わっている。

　そして，いつでも，どのようなときでも自分を受け入れてくれる応答的な大人（ここで「大人」とは保育者等，以下同じ）が，自分にとって快の存在であることを悟ると，情緒的な絆が生まれ，愛着関係が形成される。その特定の大人に，乳児自身が自分の思いや欲求を伝えようと，相手に向かって声を発したり，顔を見て笑いかけたり，手をさしだしたりする。そのようなときに特定の大人は，愛情豊かに応答する。このような関係は，乳児にとって，自分が受け入れられ，人として尊重され，愛されることを実感し，人への信頼感が芽生える。

　乳児は，この信頼関係を心の拠り所として，さまざまなことに働きかけ活動範囲が広がる。その活動から出会う興味や関心，好奇心によって導かれていく世界に，笑ったり，泣いたり，驚いたり，不思議さを感じたり，楽しんだりしながら感情が豊かになる。

　また，大人によって生命が守られて，愛されて，生活する中で，さまざまな人と出会い，触れ

[*1] 「児童福祉法」によると，生後0日から満1歳未満までが乳児，満1歳から小学校就学前までの子どもが幼児である。本章においては，それに基づいて使用している。乳幼児とは，乳児と幼児を合わせた呼び名である。

合いを通して広がっていく人との出会いは，自分とは異なる他者の存在に気付かされ，いろいろな感情を体験する。そのような乳児は，特定の大人を心の拠り所として，安全で安心できる環境の中で，人との関わりを通して育つのである。

(2) 1 歳 児

　おおむね1歳にもなると，諸機能が発達し，歩き始めたり，手を使ったり，片言ながらに言葉を話すようになる。また，歩くことができるようになることで，自分の意志で体を動かし活動範囲を広げる。そして，自分から，やりたいことを主張したり，欲求を発信したりしながら，身近な人や身の回りのものに働きかけ，いろいろなことを経験する。そのような乳幼児期は，大人との安定した信頼関係の中で，自分とは異なる他者の存在も受け入れられるようになる。

　乳幼児は，自分以外の他者の存在に気付くと，互いに相手に関心を示す。おもしろいことに，同じ空間にいるAさんが泣くとBさんも泣きだす。また，Aさんが笑うとBさんもなぜか笑いだすなどと表情を模倣したりする。また，たどたどしい足取りで近づいてみたり，同じおもちゃをほしがったりと，やりたいことを表徴する。なかでも，同じおもちゃをほしがり自分の欲求と友だちの欲求が同じだと，ぶつかり合い，さまざまな感情を体験する。そうしながらも，同じ空間にいる友だちを意識し，同じものに目を向け，一緒に体を動かし，遊びを楽しむ姿には，自分とは，異なる他者の存在を意識し，それぞれの世界を受け入れる姿がある。

　また，乳幼児期は，自我が芽生えるが，自己コントロールをすることを知らないでいる。自分の思いや考えを表徴することで精一杯であり，自分の思いや考えを自分の世界で生活や遊びを満喫するところがある。乳幼児期は，自分の思いを貫き通したい気持ちが先立ち，感情のコントロールができずにいる。その感情を，泣いたり，喚いたりしながら表徴する。そればかりか，同じ空間にいる友だちに対して，叩いたり嚙みついたりとさまざまな行動を起こし，ぶつかり合いも起こる。

　ぶつかり合いが起こったとき，ほとんどの大人は困ってしまうことが多く，子どもを叱責したりする。しかしそのようなときこそ，子どもの気持ちを受け止め，さまざまな行動を見守り，理解することが必要である。子どもの目に見える姿から，目に見えない思いをとらえることが大切なのである。また，指さしや身振り，片言ながらに発する言葉から，子どもの思いや気持ちを読み取り，自分の思いを伝える子どもの気持ちに寄り添い，人と関わる力を育んでいくように心がけることも重要である。自分にも思いや考えがあるように，相手にも思いや考えがあることに気付かせ，自分の思いを相手に伝える術や相手の気持ちも知らせていくことが必要である。

　保育者に求められるのは，子どものそれぞれの思いをしっかり受け止め，それぞれが何を考え，何をどのようにしたかったのか，何を求めていたのか，何がいやだったのかを伝えていけるように，子どもの思いや気持ちを代弁しながら，人と関わり育つ力を信じることである。

　子どもは，さまざまな経験を重ねることで，それぞれの思いや考えを伝え合うことの術を知り，人との関わりの中で，人として成長していくのである。

(3) 2 歳 児

　おおむね2歳にもなると，生活や遊びの中で，自分のことは自分でしようとする意欲が高まっ

てくる。また，自分の思いや考えを言葉で伝えようと語彙が豊富になる時期で，二語文で話せるようになる。子どもの自立心も芽生え，何ごとも「自分で，やる」「いや」等と，自己主張することもこれまで以上にみられてくる。個人差もあるが，自分の思いどおりにならないと，かんしゃくを起こしたり，泣いたりすることも多くなる。

　基本的な生活習慣においては，食事，排泄，衣服の着脱など自分でできるようになることが増え，「ちょっと待っててね」と言われると待てるようになる。一方，自分の思いや考えが，すべて受け入れられるわけではないことに気付き始める。しかし，子どもは，自分のことを信じて，見守ってくれる大人の存在によって，時間をかけて自分の感情をコントロールし，気持ちを立て直していく術を身に付けていく。

　また，行動範囲も広がり，興味・関心の対象も増え，探索活動も盛んになる。自我の育ちにおいても，力強く自己主張する姿がある。子どもの「自分で」「自分から」という自己主張が強くなる時期においては，子どものやりたいという気持ちと意欲を受け止め，「やってごらん！」「がんばってごらん！」などと，優しい口調でメッセージを送り，見守り支えることが必要である。

　さらに，自分で何事にも挑戦していこうとする気持ちを受け入れながら，一人一人のよさを認めて信頼関係を育むことである。大人は，まだ，言葉が十分でない子どもの仕草や行動から，思っていること，考えていること，実現したいことを読み取り，子どものありのままを受け止めることが求められる。また，子どもの気持ちを尊重し，大人が期待をもって見守ることで，自分でしようとする気持ちが芽生え，自分のことは自分でできるようになる。

　子どもは，何かをしようとする際，どうしたらよいのか，とまどったり，不安を覚えたりもする。このようなとき，大人は，子どもの行きつ戻りつの心の動きを受け止め，共に歩み，心の拠り所として関わっていくことに，子どもの育つ姿がある。

　子どもは，自分の思いどおりにいかないとき，泣いたり，喚いたり，大声を出したり，怒ったり，悲しんだり，不安になったり，諦めたりする。そのようなとき，大人は，安易に気持ちの切り替えを促すのではなく，子どもの感情に共感しながら，「悲しいね」「悔しいね」等と受け止め，子どもの表現に応えるよう，一緒に行動しながらも，励まし，子どもの心の拠り所として存在し，支え，育つ力を育む存在でありたい。

　子どもの育つ姿には，なにごとにも受容的に受け入れてくれる大人の支えが必要である。
　子どもは，さまざまな経験活動の中で，大人だけではなく，友だちや自分の身の回りにいる人と関わることで，いろいろなことを体験しながら，成長・発達していくのである。

2．豊かな環境で育つ

　「環境」という言葉には，さまざまな意味が含まれている。保育における「環境」には，保育者や子ども等の人的環境，施設や遊具等の物的環境，さらには，自然や社会の事象等がある。子どもを取り巻くすべての物事が環境とつながっている。保育において，環境を考えることは，重要な意味を担っている。

　子どもが健やかに成長していくには，その子の育つ環境が影響を及ぼす。教育・保育施設において，環境は重視されており，工夫が必要である。子どもたちが主体的に遊べるように，また，

遊びが展開できるように，発達に応じて環境を構成していくことが求められている。

環境には保育者等の人的環境，玩具・遊具等の物的環境，また，子どもが生活する社会の事象や自然の事象のコト的環境がある。子どもは，豊かな環境の中で，生活や遊びを通して健やかに育つのである。保育者は，子どもが健やかに育ち，生活がより豊かになるように，計画的に環境を構成し保育をすることが求められる。

環境の構成においては，環境をものの種類や数，保育者をどう配置するかだけではなく，子どもの生活や遊びを予想し，保育者の子どもへの願いを重ね，保育内容を考え，子どもの育ちを見とおしながら，その育ちに向かっての保育環境や保育のあり方を考える必要がある。

その保育環境や保育のあり方が意味するものについて，0歳児は，身体的発達に関する視点「健やかに伸び伸びと育つ」，社会的発達に関する視点「身近な人と気持ちが通じ合う」，精神的発達に関する視点「身近なものと関わり感性が育つ」について，エピソードを通して考える。

(1) 0 歳 児

1）身体的発達に関する視点「健やかに伸び伸びと育つ」

エピソード1：生理的欲求が満たされ，快適な環境に満面の笑顔

おむつを交換してもらい，ミルクを飲み終えたY君。特定の大人に声をかけられ，温かいまなざしを受けている。

ミルクを飲ませてもらい生理的欲求が満たされて，ご機嫌なY君は，信頼する大人（人的環境）から「ミルクおいしかった！ お腹がいっぱいになったね～」と声をかけられると，その言葉に応答するかのように，満面の笑みを浮かべる。

大人がY君を受容し笑顔で働きかければ，Y君もそれに応答し笑みを浮かべる。そのようなことを繰り返すことで情緒的な絆が深まる。また，いつも自分を見守り，受け止めてもらえる心地よい環境は，信頼感を芽生えさせ，安心感を抱くようになる。信頼できる大人（人的環境）に支えられる環境は，情緒が安定し健やかに伸び伸びと育つ原点である。

2）社会的発達に関する視点「身近な人と気持ちが通じ合う」

エピソード2：ぼく，いっぱいご飯食べたよ！

食事は楽しいもののスプーンは使いこなせず，介助が必要なY君である。「Y君，カボチャだよ。おいしいね～！ いっぱいたべて大きくなろうね」等と，身近な大人に声をかけられて，和やかな雰囲気での食事である。

Y君は，その声を受け止めるかのように，手つかみではあるが，一生懸命に食事をする。うまくカボチャを口に頬張れないが，離乳食から幼児食に移行し，出された食事を完食へ向けて食事をするのである。

このように自分で食事に向かう姿から「自分で食べる」という意気込みを汲み取り，それを受

容することは，身近な人がいつでも自分のことを受け入れ支えていることを実感する。

その実感から悟る安心感が，身近な人と気持ちを通わせて，食事をする楽しさをつくりだし，懸命に食事に取り組む意欲を育んでいる。

3）精神的発達に関する視点「身近なものと関わり感性が育つ」

エピソード3：玩具との出会い

これまでY君のおもちゃは，音の出るガラガラであった。Y君は，自分の手で振り回し，ガラガラと音を鳴らすと音の出る方へ顔を動かしていたのである。

そのようなY君に，玩具（オーボール）を差し出すと，自分の手でつかみ，不思議そうに見たり，なめたりしながら関心を寄せている。

この色彩豊かなまるい形の玩具（オーボール）を，「なにかなぁ～」と見て，つかみ，なめたり，手触りを味わったりする行動は，視覚だけではなく，触覚，味覚などの働きに刺激を与え五感の働きを豊かにしている。また，子どもが手で持って動かせる玩具（オーボール）は，見たり，触れたり，なめたりでき，こうした身近なものとの関わりが，子どもの遊びを豊かにし，身体の緒感覚機能を刺激している。

（2）1 歳 児

エピソード1：保育者の「こっちまでおいで!!」の声に，くぐってみようかな！

くぐってみたいトンネル！ でも，暗くて長いトンネルは，一人ではくぐれない……。保育者がトンネルの向こうから，F君を呼んでいる。「F君！ 先生，待っているから，こっちまでおいで！！」でも，F君は，まだ，一人で暗いトンネルをくぐるのは，怖くてどうしようか迷っている。

一人で，トンネルの向こうへたどり着くことは，F君にとって容易なことではない。保育者の人的環境が「ぼくを呼んでいる」が，怖くて座り込んでしまっているF君である。でも，保育者は，そのことを知りつつ，F君の名前を呼ぶのである。

トンネルという保育環境からは，F君の「一人では，いやだ！」という気持ちを察することができる。しかし，怖いけどくぐってみようかなという気持ち（心情）を掻き立てていることも事実である。トンネルの向こうで，F君を待ってくれる保育者は，何かあったとき，F君を支え助けてくれる。その保育者との信頼関係の中で，トンネルくぐりに挑戦しようか，どうしようかと迷っているF君である。

子どもは，さまざまな環境の下で，好奇心を周囲に向けて発信する。一人で遊んだり，ときには，保育者と一緒に遊びながら，さまざまなもの，人，ことに出会い，遊びを通していろいろなことを経験する。挑戦しようか，どうしようかと迷いながらも，保育者との信頼関係から発信される人的環境は，子どもの経験活動を豊かにしている。

エピソード2：ぼくは、葉っぱの探検隊

公園で、葉っぱを見つけて手にするY君。自分の背丈と同じくらいの長い葉っぱに、好奇心を抱き、じっと見つめては、両手に握りしめ、交差させたり、振り回したりと、思い思いに遊ぶ。

身近な環境に親しみ、触れ合う中で、さまざまなものに興味・関心を寄せたY君である。

公園で出会った葉っぱに、好奇心や探求心を持って関わり、触れ合う中で、持ち上げたり、振り回したりと、何か不思議に思いながら、いろいろと試したり、発見を楽しんだり、考えたりしながら、葉っぱを離さないでいる。Y君は、自ら興味を持ち関わりたくなるような環境の中で、公園中を駆け巡りながら、さまざまな経験活動を楽しんでいる。

子どもは、身近にあるものと関わる中で、発見を楽しんだり、両手にものを持つことができるようになったり、何かを感じたり、気付いたりしながら、遊びを広げていくのである。

エピソード3：穴入れ、だ〜いすき

みんなと同じ空間で過ごすDさん。保育者や友だちのそばで遊んでいたのだが、その場から離れ、近くにある、手がすっぽり入るくらいの穴が気になる。

いつでも、どこでも、何かに関心が持てる保育環境では、やってみたいことが、すぐそこにある。たどたどしい足取りで移動し、一人で穴に手を入れたり、出したりと、何やら自分の世界で遊んでいる。

保育者や友だちがいて安心で安全な保育環境は、穴に手を入れたり出したりと、やりたいことに没頭して遊ぶDさんを育成する。

そのようなDさんを、保育者が温かいまなざしを持って見守ることで、子どもはやりたいことに集中し、思いのままに伸び伸びと遊びを楽しむことができるのである。

(3) 2 歳 児

エピソード1：すべり台、自分で滑べれるもん！

身体的機能が著しく発達してくるこの時期において、Cさんは、保育室に設置されているすべり台に一人で、挑戦する。

お姉さんたちのように、ビューンとは滑れないけど、両サイドにある棒にしがみつき、手足でコントロールをしながらすべり台遊びを楽しむことができる。

子どもは興味や関心を寄せたものに、自分から自主的に関わり、遊びを楽しむ姿がある。

保育室内にあるすべり台という物的環境は，Cさんの滑ってみようとするチャレンジ精神を掻き立てている。また，Cさんは，ビューンと上手に滑れないことを自分自身がよく知っている。そのようなCさんは，お姉さんたちのようにビューンと滑りたいのである。

Cさんにとって，すべり台の両サイドにある手つかみ棒は，Cさんの滑りたい気持ちまでも支えている。さらに，Cさんの滑りたいという，心情，意欲，態度は，ビューンと滑りたい目標に向かって，両サイドの手つかみ棒を使って練習する環境が整っている。手，足，腰をコントロールしながら滑る練習は，ビューンと滑る方法を認知し，ビューンと滑れるようになりたいという技能を磨いている。

このように，目標に向かって，練習に励む姿は，Cさんの知識（尻をすべり台につけ手と足でコントロールすること），技能（手，足，尻を調整しながら滑る）の基礎を育んでいる。

エピソード2：このオタマジャクシ，何しているのかなぁ～

「ねぇねぇね。このオタマジャクシ，いま，何をしているのかなぁ～」「あっ！　こっち見て，パタパタしている」「この大きいのがお兄さんで，こっちの小さいのが弟かなぁ～」「この二人！兄弟」等と，つぶやいている二人である。

もうすぐ，3歳になるこの二人は，ぶつぶつ言いながら，身近な生き物に関心を示している。

オタマジャクシを見るこの二人は，同じ空間を共有し水槽にいるオタマジャクシを見て，思い思いに語り合う二人である。どこにでもあるこのような環境は，身近にいる生き物に関心を寄せた会話だけではなく，この二人の人間関係も育んでいる。

エピソード3：おいしいラーメンを椀に盛りま～す

保育室の流し台セットの環境が，ラーメン屋の流し台とよく似ており，椀にラーメンを盛るE君である。E君は，どうしたらラーメンを椀に盛ることができるのか真剣な顔で取り組んでいる。

E君は別の女の子と同じ空間で，同じ流し台を使用して料理をしているが，このとき，まだ，二人の間には言葉による交わりはない。それぞれの世界で，思い思いに料理を作り，盛り付けを楽しんでいる二人である。

3．遊びを通して育つ

(1) 0 歳 児

よく，赤ちゃんは泣くのが仕事であるといわれる。「おなかがすいた！」「おむつがぬれたよ～」という生理的な不快感を，泣いて表現する。そのようなときに，その泣き声に「おなかがすいたのかな？　おむつかな？」などと，優しく声をかけ，ていねいに関わることで，赤ちゃんは

安心感を抱く。

　また，2か月頃になると，首がすわり，手足の動きが活発になる。また，ものをじっと見たり，目で追ったりする。さらに，6か月頃になると，寝返りをうったり，腹ばいになり，自分の意思で手足をパタパタさせたりと，全身の動きが活発になる。そのようなとき，お気に入りのおもちゃを使って，子どもの腹ばいの動きを刺激すると，子どもは遊びを通して運動機能や諸機能を発達させることができる。

1）おおむね0歳児の日課表（例）

時間	生活・活動	参考例（保育者等の配慮）
7：15	随時登園	保護者が安心して預けられるように，早番の保育者は，保護者からの伝言や乳児の心身の状況を受け入れる。
8：30	担当保育者への引き継ぎ	早番の保育者は，担当保育者へ引き継ぎ乳児が心地よく過ごせるように連携や引き継ぎ内容を確認する。
9：00	おむつ交換・好きな遊び おやつ・散歩・昼寝・他	一人一人の生活リズムに合わせて，生活や活動が行えるようにする。
11：00	離乳食・ミルク	一対一でゆったりとした心地よい状態を意識する。
12：00	着替え（おむつ交換含） ・絵本・午睡	手際よく着替えさせ，絵本を読んだり，音楽を流したりしながら，午睡の環境を整える。
14：00	目覚め	目覚めたら，優しく言葉をかけ，心地よい目覚めを促す。
14：30	沐浴	清潔にし，肌触りのよい衣類に触れ快適さを覚えさせる。
15：00	離乳食・ミルク	午睡後の体調を考慮した離乳食やミルクの量を考える。
15：30	一人遊び・抱っこ・好きな遊び	一人遊びを大切にしながらも，保育者とのスキンシップや他児との関わりを楽しみ遊べるようにする。
16：30	随時降園	延長保育の乳幼児が不安にならないように配慮する。
18：00	延長保育	一日を振り返り保護者への伝言や情報を共有する。
18：30	離乳食・ミルク	調乳の取り扱い方やミルクの分量を考慮する。
19：00	延長保育降園	乳児の生活や活動，成長の様子を伝える。

（筆者作成）

2）0歳児の保育内容

　①健康状態の把握，②発達状況の把握，③身の周りの清潔，④受容的な関わり，⑤ミルク，授乳，⑥離乳食開始，⑦睡眠の環境整備，⑧おむつ換え，⑨語りかけ，歌いかけ，おもちゃで遊ぶ，⑩散歩，抱っこ，スキンシップ，⑪寝返り，はいはい，座り，つたい歩き，⑫つまむ，押す，たたく等指先を使って遊ぶ，⑬発語，喃語を受け止め言葉を楽しむ，⑭歌やリズムに合わせて手足を動かす，⑮保育者と一緒に絵本を見る，⑯玩具や身の回りのもので一人遊びをする，などがあげられる。

3）0歳児の育ち

① 空腹，おむつがぬれた，暑いと不快感を感じ泣く。
② 睡眠と目覚めを何回も繰り返す。
③ あやすと応えるような声を出したり，ほほ笑んだりする。
④ 目の前で玩具を動かすと見て，動かす方を目で追う。

⑤ 徐々に離乳食が始まり，ミルク以外の味を知り，スプーンなどの感触になじむ。等

4）0歳児の保育事例

① 腹ばい運動を促すオーボール

オーボールと出会ったのは，仰向け状態の4か月の頃である。今は，寝返りはできても，腹ばいでのはいはいがなかなか進まないでいる。そのようなY君だが，大好きなオーボールが気になる。手を伸ばして届く位置にある。

時折，目の高さで動かしたりして，腹ばいの動きを誘うのである。しかし，なかなか思うようには進まない。でも，このように遊びを取り入れることによって，遊びの中で人やものとの関わりを通して，運動機能を活性化させる。

② 言葉のシャワーで発声練習

「〇〇ちゃんの大好きな絵本を読んであげるね」と名前を呼び，保育者の膝に座らせる。絵本を開くと子どもの「マンマン」「ブーブー」の喃語に，「そうね，『マンマン』『ブーブー』だね」と応える。そのような保育者の関わり方により，自分の喃語を受け止めてくれる大人がいるという安心感が持てるようになる。

喃語を通して，自分の気持ちを表現できる喜びが，喃語による表現力や理解力の育ちにつながる。喃語を発したいと思える相手がいること，そして，安心して受け止めてくれる人がいることで，子どもは育つのである。

③ 保育環境と子どもの世界

子どもの手の届くところに興味を引く環境が設定されていると，それを目指してはっていったり，歩いたりして近づき，その環境に関わり遊ぶ子どもの姿をみることができる。そして，「もの」と出会った子どもは，新しい関わりを発見し，おもしろさを感じ，こうしたらどうなるのだろうと，その子どもなりに遊びを展開していく。

また，保育者が絵本の読み聞かせをすると，何回か読んでもらっている絵本でも，子どもは絵本に見入り，保育者の語りを聞き，関心のある場面になると喃語を発したり，指さしをしたりして，その喜びを保育者に表現する。そして，気に入ったページを何回もめくり，繰り返し楽しんだり，保育者の読み聞かせの声やフレーズに耳を傾け，その語り口調やリズムに合わせて体を揺らしたり，自分で声を出したりする。

子どもは，保育者に見守られている安心感を基盤として，身近にある保育環境の中で遊びを通して，自分の世界を広げていくのである。

(2) 1・2歳児

　おおむね1歳児は，運動的諸機能が発達し，歩き始めると自分で移動することができるようになる。また，食事，排泄などの基本的生活習慣の自立が芽生える時期でもある。また，自分の思いを伝えようとする欲求も高まると，友だちが使っているおもちゃを自分のものだと思い，勝手に奪いとったり，いやなことは拒みその場から移動しようとしたりする。

　おおむね2歳児は，走る，跳ぶ，坂登り等の運動機能が著しく発達する。また，行動範囲も広がり，すべり台なども一人で滑るようになる。人と関わる力も芽生え，友だちと同じ空間で遊べるようになる。さらに，自分のことは自分でやろうとする気持ちが芽生え，語彙も急激に増える。

1）おおむね1・2歳児の日課表（例）

時間	生活・活動	参考例（保育内容）
7：15	随時登園	保護者と離れ，自分を受け入れてくれる保育者に支えられて保護者と離れて過ごす。
8：00	好きな遊び （1・2歳児交じり合って） トイレ・手洗い・おやつ・散歩	身の回りにさまざまな人がいることに気付き，同年代の子どもたちと交じり合い共に空間を共有する。また，興味・関心を寄せたものに親しみ遊ぶ。
9：00	好きな遊び おやつ・散歩・昼寝・他	生活や遊びを通して，さまざまな習慣を身に付ける。「散歩に行こうね。靴を履こう！　帽子もかぶろう！」などの声かけは，外と内の区別等，身の回りを清潔に保つことや習慣や態度を身に付ける。
11：00	昼食	さまざまな食品や調理方法に慣れ，和やかな雰囲気の中で，食事や間食を楽しむ。
12：00	着替え・トイレトレーニング 昼寝	日々の生活の中で，食事・睡眠・排泄・着脱・清潔などの基本的な生活習慣と生活リズムが整ってくる。また，次第に自立へと向かう。
15：00	目覚め・着替え・トイレ・おやつ	繰り返し行うことで，その手順についてある程度予測がつけるようになる。「自分でしよう」とする気持ち（心情）と態度を育てることである。
16：00	好きな遊び	身近にあるものに親しみ，見たり，触ったりなどとさまざまな方法で関わり，親しみ，集中する。
16：30	随時降園	保護者が仕事を終えるのに時間が必要なことを伝え，子ども自身も元気に楽しく過ごす。
18：00	延長保育 異年齢児との混合遊び	年長児や保育者の真似をしたりして，さまざまな遊びに出会いその遊びを楽しむ。
18：30	軽いおやつ	個々人のミルク。
19：00	延長保育降園	家族に一日の生活や成長の様子を伝え喜びあう。

（筆者作成）

2）1歳児の保育内容

① 手づかみやスプーンを使って食べようとする。

② 歩いたり，走ったり，跳んだりする。

③ つまむ，引っ張る，押す，左右に寄せるなどの指先を動かす遊びを楽しむ。

④ 保育者と一諸に，保育者に見守られて遊ぶ。
⑤ ボールを投げたり，蹴ったりする。
⑥ 身近な動植物を見たり触ったりして親しむ。
⑦ 保育者の話しかけに，表情や動作で応える。
⑧ 音に合わせて歌ったり，体を動かしたりする。
⑨ 絵本を見たり，めくったりして親しむ。
⑩ 保育者に見守られ，外遊びを楽しむ。

3）2歳児の保育内容

① 保育者と一日を楽しく過ごす。
② 走る，跳ぶ，登る，押す，引っぱるなどの遊びを楽しむ。
③ つまむ，丸める，めくる等の手や指を使う遊びを楽しむ。
④ 保育者と一緒に簡単なごっこ遊びをし，言葉のやりとりを楽しむ。
⑤ 絵本や紙芝居に親しみ，繰り返しの言葉の模倣を楽しむ。
⑥ 水，砂，土などの素材に親しみ，触ったり，丸めたりする。
⑦ 生活に必要な言葉を聞きわけ，言葉で表す。
⑧ 簡単な手遊びやリズムに合わせて，体を動かすことを楽しむ。
⑨ 動物，植物，事物に触れ，探索活動をする。
⑩ 簡単なごっこ遊びを楽しみ，模倣遊びをする。

(3) 1・2歳児の保育

　乳児から2歳児頃までは，心身の発達が形成される時期である。乳幼児期は，生活や遊びの中で，さまざまなことに興味や関心を持ち，関わっていこうとする。そのような姿を受け止め，保育にあたって，保育の意義を見出すことに，保育者がそこにいる価値がある。

　以下の3つの図は，保育の意義の明確化において，3歳未満児の5領域の保育内容の整理，資質・能力の視点，「幼児期の終わりまでに育ってほしい姿」(10の姿) との関わりの読み取りを意識した図である。

1) 5 領 域

健康
手に触れたものに，心と体を動かして遊ぶ。

人間関係
安心できる保育者のもとで，自己の欲求を満たす。

環境
周囲の環境に関心を広げ，見る，触る等の感覚を働かせる。

言葉
「これ，何！」自らも言葉を発しようとする。

表現
手に届くさまざまな素材に触れて楽しむ。

自分の足で歩く散歩。でも，今日の散歩は，足が重たくてなかなか進まない。とうとうそのまま公園の道端に座り込んでしまった。地面に手をつけるとあれ？

(筆者作成)

2) 育みたい資質・能力 (3つの柱) からの読み取り

①知識および技能の基礎
豊かな体験を通して，感じたり，気付いたり，わかったり，できるようになったりする。

↓ 遊び 活動

・何を知り，何ができるのか？
・この遊びを通して，何を感じたり，気付いたり，わかったり，できるようになったのか。

②思考力，判断力，表現力等の基礎
気付いたことや，できるようになったことを使い，考えたり，試したり，工夫したり，表現したりする。

↓ 遊び 活動

・考えたり，試したり，工夫したり，表現しているのか。
・アイディアやイメージがみえるか。

③学びに向かう力，人間性等
心情，意欲，態度が育つ中で，よりよい生活を営もうとする。

↓ 遊び 活動

・何が楽しい，おもしろいの？
・遊び，活動の展開は？
・人との受容的関わりは？
・人との関わりの育ちは？

・遊びを支えている環境は？
・この遊びをより豊かにするための必要な環境は？

・遊びを支えている保育者の援助や配慮は？
・保育の展開は？
・この遊びが豊かになるための援助や配慮は？

(筆者作成)

3)「5領域の内容」経験と「幼児期の終わりまでに育ってほしい姿」(10の姿) と関わった育ちへの読み取り

【この遊びでどのような経験をしているのか】

人間関係
・自立心
・協同性
・道徳性・規範意識の芽生え
・社会生活との関わり

健康
・健康な心と体

〈考えてみよう〉
領域「健康」のねらいや内容を考えてみよう。

環境
・思考力の芽生え
・自然との関わり・生命尊重
・数量や図形，標識や文字などへの関心・感覚

・保育者の受容的・応答的な関わりの中で，欲求を満たし，安定感を持って過ごす。

・身の回りのものに触れる中で，形，色，大きさ，量などのものの性質や仕組みに気付く。

言葉
・言葉による伝え合い

表現
・豊かな感性と表現

〈考えてみよう〉
この場面の姿から，どのような声が聞こえるだろうか。

〈考えてみよう〉
この場面の姿から，どのようなことを読み取ることができるだろうか。

注）「幼児期の終わりまでに育ってほしい姿」(10の姿) については，表1-1 (p.3) 参照。

（筆者作成）

(4) 3歳未満児の保育

　3歳未満児の子どもたちは，個人による発達の違いが大きく，1年間という年齢で区切って対応を決めることは難しい。4月生まれと3月生まれにおいては，1年程のひらきがあり，満1歳ちょうどと1歳6か月過ぎでは，同じ1歳と呼ばれても，言葉が出始めているかどうか，ちゃんと歩けるかどうかなどさまざまな違いがある。月齢だけで決まるのではないが，歩き始めにおいても数か月の幅がみられる。また，歩き始めにおいても各々のとらえ方があり，一歩を踏み出した時点でも歩き始めととらえる人もいれば，数歩歩き続けられたかでとらえる人もいる。

　そのような3歳未満児の保育においては，一人一人の生育歴や心身の発達，活動の実態等に応じて，柔軟に保育の指導計画を立案し，保育をすることが必要である。

　この場合，難しくとらえる必要はなく，子どもの月齢を考慮し，活動計画を立案し，保育をすることが基本である。また，指導計画どおりに，保育をすることがよいとは限らない。保育者には，子どもの生活や遊びをとらえ，臨機応変に保育をすることが求められる。

　子どものより豊かな育ちを願って，保育内容を意識し，保育をすることに保育者が保育をする

意味がある。無意図的に保育をするのではなく、個々の育ちを考えて、保育内容を意識した指導計画を立案し、子どもに応じて、保育をすることである。

わが国の幼児教育のガイドラインには、これまで記載されていなかった0歳児からの保育内容が明確化されている。そこには、人工知能などの産出により、いかに社会が変化しようとも、「よりよく生きていく人間力」を培わせ、数値化されにくい行動、非認知能力を引き出し、それぞれの時代に応じて生きていける力が目指されている。非認知能力においては、自ら目的を持ち行動できる「意欲」や「計画性」、失敗を恐れず前へ進んでいく「力強さ」や「忍耐力」、人と関わり物事に取り組む前向きな「姿勢」「態度」「社会性」や「計画性」の育ちが期待されている。そのためには、乳幼児期から、日常の生活や遊びの中で、何事にも懸命に取り組める子ども、またやればできるという自信や自己肯定感を持てる子どもを育成することが必要である。

例えば、前述（p.40の「4) 0歳児の保育事例」の①）のY君は、4か月の頃出会ったオーボールに、日増しに関心を高め、触ったり、なめたりして興味を寄せている。体を自由に移動させることのできない頃は、自分からオーボールを求めることはできなかった。しかし、運動機能の緒機能の発達は、大好きなオーボールを求めて、自分で体を移動（腹ばい、はいはい、他）することを覚える。そして、目の前にあるが、手の届かないオーボールを、どうしたら手にすることができるのか、自分の意志で追い求め、オーボールを手にして遊ぶ。そのような姿には、諸機能の発達はもちろんのこと、集中力や忍耐力、根気強く取り組む力の芽生えを感じることができる。

そのような姿を育んでいくには、子どもが自ら遊んでみたいと思えるような環境を工夫し、子どもの興味・関心を引き出し、子どもがさまざまな経験活動を通して育つ力を育んでいくことである。そして、「子どもは、この遊びを通して、どのような発達がみられ、何が育つのであろうか」ということを考え、保育計画を立案し保育環境を整え、保育をしていくことである。

子どもは、人に支えられ、人との関わりの中で人に育てられてこそ、人として成長・発達するのである。

【演習問題】
① 本章を学んで、気付いたことを3つあげてみよう。
② 乳児期について、事例を取り上げて、環境と遊びの意義について話し合ってみよう。

参考文献
・厚生労働省：保育所保育指針解説, 2018.

第5章 保育計画と保育内容とのつながり

1.「全体的な計画」「教育課程」と指導計画, 保育内容とのつながり

(1) 保育の全体的な計画の作成, 教育課程の編成

　保育を実施するにあたり, 保育所, 認定こども園では「全体的な計画」を作成し, 幼稚園では教育課程を編成する。その上で, それに基づいて指導計画を作成していく。ここでは, まず, 園の実情に応じた保育の全体的な計画の作成について,「保育所保育指針」を参考にしながら, 手順や作成上の留意点について考えていく。幼稚園での教育課程もこれに準ずるものである。

　保育に関する全体的な計画は,「保育所保育指針」の「第1章 総則　3 保育の計画及び評価 (1) 全体的な計画の作成」でも明記されているように, 各園の保育の目標を達成するために, 子どもの発達過程を踏まえ, 保育の内容が組織的・計画的に構成され, 園の生活全体を通して, 総合的に展開されるように作成されなければならない。また, 子どもによって異なる家庭の状況, 保育時間, 在籍期間, 地域の実態等を考慮し, 子どもの発達の道筋を長期的に見通して作っていく必要がある。

　実際の作成にあたっては, 保育を行う保育者のみならず園の職員全員が, 各々の職種や立場に応じて, 園の保育の理念や目標, 方針等を共有し, 方向性を明確にした上で行う。

　なお,「全体的な計画」とは, 保育所では「保育課程」, 認定こども園では「教育・保育課程」であると考えるとわかりやすい。図5-1に, 参考例として, 全体的な計画の作成手順（概要）を表した。

(2) 全体的な計画, 教育課程に基づく指導計画の作成と保育内容

1) 指導計画の作成

　各園は, 全体的な計画, 教育課程に基づいて, 具体的な保育が適切に展開されるよう「子どもの生活や発達を見通した長期的な指導計画」（年, 期, 月等の単位）と, それに関連したより具体的な「子どもの日々の生活に即した短期的な指導計画」（週, 日等の単位）を作成する。

　指導計画の作成にあたっては, 子ども一人一人の発達過程や状況を十分に踏まえるとともに, 特に, 3歳未満児については個人差を, 3歳以上児では集団での育ちを, 異年齢児編成については子どもの発達差に留意し, 各時期にふさわしい生活が展開されるように配慮しなければならない。また, 全体的な計画を作成する際にも考慮した, 子どもによって異なる家庭の状況, 保育時間, 在籍期間, 地域の実態等については, 指導計画では日々の関わりに直結することから, さら

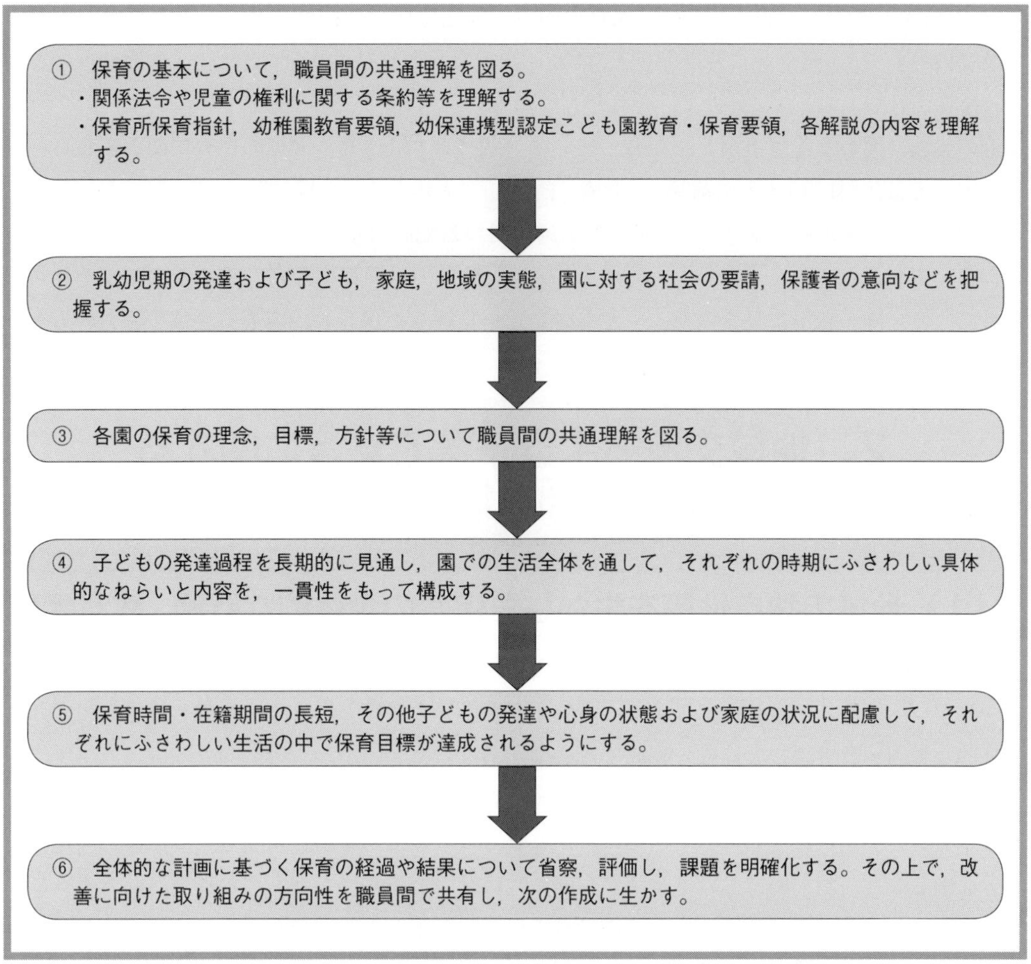

① 保育の基本について、職員間の共通理解を図る。
　・関係法令や児童の権利に関する条約等を理解する。
　・保育所保育指針、幼稚園教育要領、幼保連携型認定こども園教育・保育要領、各解説の内容を理解する。

② 乳幼児期の発達および子ども、家庭、地域の実態、園に対する社会の要請、保護者の意向などを把握する。

③ 各園の保育の理念、目標、方針等について職員間の共通理解を図る。

④ 子どもの発達過程を長期的に見通し、園での生活全体を通して、それぞれの時期にふさわしい具体的なねらいと内容を、一貫性をもって構成する。

⑤ 保育時間・在籍期間の長短、その他子どもの発達や心身の状態および家庭の状況に配慮して、それぞれにふさわしい生活の中で保育目標が達成されるようにする。

⑥ 全体的な計画に基づく保育の経過や結果について省察、評価し、課題を明確化する。その上で、改善に向けた取り組みの方向性を職員間で共有し、次の作成に生かす。

図5-1　全体的な計画の作成手順について（参考例）
出典）厚生労働省：保育所保育指針解説，フレーベル館，p.41, 2018. をもとに筆者作成

に具体的な場面を想定しながら作成されなければならない。

　2017（平成29）年の「保育所保育指針」改定によって、保育所においても幼児教育の積極的な位置付けがなされていることから、幼児教育施設としての自覚が問われることとなった。第1章で詳しく述べた「幼児期の終わりまでに育ってほしい姿」（10の姿）を意識しながら指導計画に沿って実践していく中で、子どもの育ちや課題を見極め、振り返り、改善し、実践を工夫し続けることが大切である。

2）保育の内容

　保育の目標は、できる、できないを評価する到達目標主義ではなく、自主性、自発性等を育てる中で、身体能力や言語能力、知的能力、社会性等を育むことにある。それを具体化した「全体的な計画」「教育課程」および「指導計画」をもとにして展開されるのが、「保育の内容」となる。保育の内容としては、養護（子どもの生命の保持及び情緒の安定を図るために保育士等が行う援助や関わり）と教育（子どもが健やかに成長し、その活動がより豊かに展開されるための発達の援助）が一体となって進められるように留意する必要がある。

「保育所保育指針」では,「第2章 保育の内容 1 乳児保育に関わるねらい及び内容 (2)ねらい及び内容」で,「健やかに伸び伸びと育つ」「身近な人と気持ちが通じ合う」「身近なものと関わり感性が育つ」の3つに分けて,それぞれのねらい,内容,内容の取扱いを示し,さらに「(3)保育の実施に関わる配慮事項」を記載している。「2 1歳以上3歳未満児の保育に関わるねらい及び内容」では,「健康」「人間関係」「環境」「言葉」「表現」の5領域に分けて,それぞれのねらい,内容,内容の取扱いを示し,「保育の実施に関わる配慮事項」を表している。「3 3歳以上児の保育に関わるねらい及び内容」の項でも5領域に分けて,同様に記載しているので,それらを参考にして,園の状況に見合った,子どもの発達を見通した保育の内容を,全職員協力のもとで展開していくようにする。

2. 地域交流および子育て支援に関する保育計画と保育内容

(1) 地域の独自性等を生かした保育の全体的な計画・教育課程

　地域の独自性等を生かした保育を実施するためには,園によって地域環境や人的環境,物的環境が異なっていることを特色と考えて,それぞれが影響を及ぼし合うような独自性等を生かした全体的な計画・教育課程を作成・編成する必要がある。

　「幼稚園教育要領」の「第1章 総則 第6 幼稚園運営上の留意事項」に,「幼児の生活は,家庭を基盤として地域社会を通じて次第に広がりをもつものであることに留意し,家庭との連携を十分に図るなど,幼稚園における生活が家庭や地域社会と連続性を保ちつつ展開されるようにするものとする。その際,地域の自然,高齢者や異年齢の子どもなどを含む人材,行事や公共施設などの地域の資源を積極的に活用し,幼児が豊かな生活体験を得られるように工夫するものとする」とあるように,子どもたちは,家庭や園で育てられているだけでなく,地域の中で育まれている。ゆえに,家庭と園,地域社会が一体となって,子どもたちを育成していくことが必要である。

　現代の子どもたちは,情報化が進んだ社会の中で,多くの間接的な情報に囲まれて生活している。しかし,実際に野山を駆け回って自然と触れ合ったり,地域で「ガキ大将」が率いる異年齢集団で遊んだり,高齢者をはじめ幅広い世代の地域の人々と交流するなどの,直接的な体験は不足している。特に昨今は,都市化によって子どものみならず保護者自身も自然体験が少なかったり,核家族化で祖父母との同居が減少したりしていること等から,以前はごく当たり前に体験できていたことができなくなった。このような状況からも,地域の人的資源,物的資源を大いに活用し,保育の中で地域社会との連携を計画的に実施していくことが必要である。

　表5-1は,年間行事計画の中に,自園の教育重点目標を体現させて,保幼小中の連携,家庭との連携(親子行事),地域社会との連携(地域の人々との活動)を実践しているA幼稚園の例である。

　校区内の保幼小中連携活動,親子行事,地域交流等を実施することによって,子どもたちは,自分が,生活している周囲の人々に守られて生きていることを実感する機会を得るであろうし,地域の人々も子どもたちを慈しむ気持ちが湧いてくるに違いない。このような交流が行われていれば改めてお願いしなくとも,自然と地域の人々は子どもたちを見守ったり,声をかけたりして

表5-1　A幼稚園「保幼小中・家庭・地域との連携に関する年間計画」

月	連携内容
4	入園式，ＰＴＡ総会，家庭訪問，交通安全教室
5	3園交流会，保幼小合同避難訓練，プール掃除，イモの苗植え，防犯訓練，参観日（中学生参加のいのち育て事業），中学生職場体験
6	親子歯磨き教室，3園交流会，消防署立会いによる避難訓練（救急法），プール開き，おはなしタイム（小学生による読み聞かせ）
7	親子夕涼み会，プール納め，分校生職場体験，期末懇談会
8	愛園作業
9	地域の敬老会に参加，小中体育祭に参加
10	運動会，誘拐防止訓練，地域の敬老会に参加，イモ掘り
11	幼稚園ウィーク，親子遠足，3園交流遠足，おはなしタイム（小学生による読み聞かせ）
12	生活発表会，保幼小合同マラソン大会，クリスマス会，期末懇談会
1	参観日，引き渡し訓練，家庭教育学級（親子運動遊び），3園交流保育（5歳児いのちのおはなし），一日入学，消防署立会いによる避難訓練
2	一日入園，保幼小合同避難訓練，就学前交通安全教室，おはなしタイム（小学生による読み聞かせ）
3	防火餅つき，卒園式

注）3園とは，A幼稚園および近隣のB保育園，C保育園のことである。

くれるようになる。加えて，保護者，近隣の施設や住民，保幼小合同の避難訓練や引き渡し訓練が，年間を通して繰り返し実施されていることから，防災意識が高く，地域社会全体で子どもを守り，育てようとしている様子がうかがえる。また，小学生が園児に絵本の読み聞かせをする機会を設けることによって，園児は「お兄さん，お姉さんのようになりたい」という憧れを抱くようになり，将来の自分を描くことができるし，小学生は，園児が喜んでいる姿をみることによって，自尊感情が高まり，やりがいを感じることもできるであろう。

(2) 計画的な子育て支援

　わが国では，2015（平成27）年度に施行された「子ども・子育て支援新制度」によって，子育て中のすべての家庭への支援，認定こども園の普及，待機児童の解消，地域でのさまざまな子育て支援の実施等が各自治体に課せられ，充実が図られてきた。

　保育の現場においても，「保育所保育指針」の「第4章 子育て支援」にあるように，すべての子どもの健やかな育ちを実現することができるよう，子育て支援が実施されなければならない。そのため，保育所における子育て支援については，「保育所を利用している保護者に対する子育て支援」はもちろんのこと，保育所を利用していない「地域の保護者等に対する子育て支援」も実施するよう明記されている。これに関しては，上記のように自治体による支援策も増えてはいるものの，その広がりには地域格差もみられることや，保育所や幼稚園，認定こども園の地域貢献への重要性の観点からも，専門性を持った保育者が実施する子育て支援が求められている。

　日本保育協会の調査（2011）[1]によると，子育て支援者と子どもの保護者との間には，必要だと考える支援に隔たりがある場合もあるため，支援する側は，保護者の気持ちを汲み取りながら

も，専門家として考える必要な支援を行っていく必要がある。

諸外国の子育て支援の事例として，保護者参加型のニュージーランドのプレイランド，保護者が運営を担うスウェーデンの民間保育所，子どもの教育の質的向上と保護者の学びやネットワークづくりをねらったイギリスのアーリー・エクセレンス・センター等があげられる[2]。それらの特色としてみられるのは，①資金や場所を提供するだけでなく，保護者の参加や教育を促進している，②保護者同士のつながりができるようなプログラムを設定している，③地域住民も，子どもがいなくても施設を利用することができる，④保育者と保護者が子どものために対等に話し合ってプランを練る，という点である。わが国でも，たとえ手間がかかったとしても，計画の段階で地域や保護者の声を聞き，意見を取り入れながら改善していくという参加型の支援が望まれている。

3. 食　育

(1) 幼児期からの取り組みの重要性

1) 食べることは生きること

あなたは，食べるということを日頃から意識しているだろうか。私たちの体は食べることによってつくられ，食べることで毎日生きているといえる。子どもを取り巻く食の環境は変化し，朝食を食べずに登園してくる子どもや孤食などさまざまな食の問題がある。保育者には子どもの個人差や発達，家庭環境を考慮して関わっていくことが求められる。子どもに食べなさいと伝えるだけではなく，どのような食事をとっていく必要があるのか，なぜ残さないように食べる必要があるのか，子どもたちと日々の保育の中で食の大切さを一緒に考えていくことが必要である。

私たちを取り巻く食は，残食や食品ロスなどさまざまな問題を抱えている。まだ食べられる売れ残り，期限を超えた食品，食べ残しなど「食品ロス」は，年間約632万トンである。これは，飢餓に苦しむ世界の人々の食料援助量の約320万トン（2014（平成26）年）を上回っている。また，日本人1人当たりご飯1杯分の食べ物が毎日廃棄されている[3]。簡単に残す理由として，1回の食事を残してもまた，次の食事をすることができるという気持ちからではないだろうか。このことからも，幼児期から食べ物の大切さを伝える必要がある。保護者が忙しく手作りや旬の食材を取り入れる機会も減っており，外食など簡単な食事で済ませることが多くなっている。これらの現状から，未来社会を担う子どもたちの食への興味や関心を育てることについて，幼稚園や保育所等が担う役割は大きいといえる。園での食育活動が子どもや保護者の意識も変えることにつながる。

あなたは，花の冠を作ったことや草相撲をして遊んだ経験はあるだろうか。幼い頃の経験が原体験として心に残り，大人になった今でも思い出すことがあると思う。好き嫌いなく食べることが体にとってよいことや，食べ物を大切にする気持ちを育てることも同じである。臨界期にどれだけ食材に触れ，食するかで子どもたちの食べる土台が作られると考える。

また，あなたは幼い頃に野菜を育てたことや料理をした経験があるだろうか。乳幼児期の「おいしかった」や「みんなで食べてうれしかった」「料理をして楽しかった」経験が子どもたちの生きる基礎となる。園でよく言われることとして，「保育者になる人の体験が，圧倒的に少ない」

ということがある。園で野菜を作る際に「一度も育てたことがない」や，調理をする際に「料理の経験はあまりない」という保育者も増えている。自分で野菜を種から育て，食べるまでの経験を積むことは，これから子どもと体験していくためにも必要なことである。

2) 食育とは

2005（平成17）年に「食育基本法」が制定された。この中で食育は，「生きる上での基本であって，知育，徳育及び体育の基礎となるべきもの」「様々な経験を通じて『食』に関する知識と『食』を選択する力を習得し，健全な食生活を実践することができる人間を育てる」ことと述べられている。この法律が制定された理由として，「食を大切にする心の欠如」や「栄養のバランスの偏った食事や不規則な食事の増加[4]」などがあげられている。これらのことからも，乳幼児期の保育を通して食の意識を変えていくことは，重要な課題であるといえる。第3次食育推進基本計画（2016（平成28）年）では，食育の推進として，「多様な暮らしに対応した食育の推進」や「食の循環や環境を意識した食育の推進」「食文化の継承に向けた食育の推進」の重要性をあげている。自分で育てた野菜を食べる経験，郷土料理や伝統食材を知ることや作法を意識することは大切である。園に在籍する子どもや保護者だけでなく，地域の家庭の食に関する相談や情報提供についても，保育所等を拠点とした取り組みが求められている。

2017年（平成29）年改訂の「幼稚園教育要領」では，「第2章 ねらい及び内容 健康」の「内容」において，これまでの「先生や友達と食べることを楽しむ」から「先生や友達と食べることを楽しみ，食べ物への興味や関心をもつ」とされ，自分たちが食べている食材により深く関心をもつことが示されている。

「保育所保育指針」では，「第3章 健康及び安全 2 食育の推進」において，これまでの「食育計画を作成し，保育の計画に位置付ける」から，2017（平成29）年改定では，「食育計画を全体的な計画に基づいて作成し，その計画及び改善に努めること」に変化している。また，「栄養士が配置されている場合は，専門性を生かした対応を図ること」として，食育は，より深く保育の一貫として位置付けられた。また，「保育所保育指針」の中にも「食の循環や環境への意識」が追加された。食べることができる感謝の気持ちを育てるために，育てるから食べるまでの体験活動の必要性や食べ物を無駄にせずに大切に食べる意識を高めていくことが求められている。「第2章 保育の内容 3 3歳以上児の保育に関するねらい及び内容 (2)ねらい及び内容 ア 健康 (ウ)内容の取扱い ④」において「食の大切さに気付き，進んで食べようとする気持ちが育つようにすること」と示されている。自分で選び食べることができる力を付けることもこれからの重要な課題であるといえる。「幼保連携型認定こども園教育・保育要領」においても，「食の循環や環境への意識」「食の大切さに気付き，進んで食べようとする気持ちが育つ」ことについて，「保育所保育指針」と同様の内容が明記されている。

3) 目指す子ども像

「食育基本法」に先立ち，2004（平成16）年には，「食を営む力」の育成に向け，「楽しく食べる子どもに～保育所における食育に関する指針～」を厚生労働省が通知した。次ページの表に示すように「保育所保育指針」であげている目標を食育の観点から具体的に示している。

この子ども像については，保育者が子ども一人一人の発達や家庭環境を踏まえ育てていくことが求められる。担任だけで関わっていくのではなく，園長や栄養士などさまざまな職員と協力し

ていくように意識をし，また，保護者にも子どもの様子を伝え，連携して子どもを育てていくことが必要である。

> ① お腹がすくリズムのもてる子ども
> ② 食べたいもの，好きなものが増える子ども
> ③ 一緒に食べたい人がいる子ども
> ④ 食事づくり，準備にかかわる子ども
> ⑤ 食べものを話題にする子ども

出典）厚生労働省：楽しく食べる子どもに～保育所における食育に関する指針～，2004．

① お腹がすくリズムのもてる子ども

食事を遅い時間にとったり，夜遅くまで起きていたり，食生活や生活リズムの乱れにより，朝何も食べずに園に登園してくる子どもがみられる。保育所等で生活リズムを整え，精一杯体を動かし，子どもが自然とお腹がすく環境をつくっていく必要がある。

② 食べたいもの，好きなものが増える子ども

家庭では，保護者が嫌いな食材は食卓に出ないこともある。保育所等は，子どもがいろいろな食材を知り触れるチャンスの場である。園の給食でさまざまなメニューを食べることによって，食べ物に興味や関心を持つきっかけとなる。

③ 一緒に食べたい人がいる子ども

保護者が仕事で忙しく，子どもだけで食べる孤食は増えている。保護者と一緒に食べる際に，「これおいしいね」「どうやって作ったの」などと会話をすることで，子どもの食べたいと思う気持ちが高まる。保護者や保育者がおいしそうに一緒に食べることで，愛情を育み，子どもたちが楽しく，安心して食べることができるのである。

④ 食事づくり，準備にかかわる子ども

家庭では，子どもが料理を手伝いたいと思っていても時間がなく，保護者だけで食事の準備をすることが多い。子どもは手伝いが好きであるからこそ，茶碗を運んだり，箸を並べたり，机を拭いたり，一緒に経験することが食に興味を持つきっかけとなる。園で，食事の準備や調理の体験の機会を作ることが大切である。

①タケノコの皮むき

②タマネギの収穫

③ゴマをする

図5-2　園での食育体験

写真提供）福岡県古賀市久保保育園

⑤ 食べものを話題にする子ども

　給食に出た食事について，この料理はどのようにして作られたのか，何が入っているのか，子どもが保育者に聞いてくる。保育所で食べた給食や自分たちで調理した話など，園で経験したことが子どもの心に残る。子ども自身が体験したことを楽しかった思い出として保育者や保護者，友だちに伝えることで子どもは食べる楽しさを自分の中で深めている。

4）5領域とのつながり

　食育の活動は，5領域の一つの領域だけが育つのではなくそれぞれが関連し合ってつながり合って育っている。トウモロコシを育てる事例をあげて説明する。トウモロコシには，食物繊維が多く入っており，食べるとお腹の中がきれいになることを知る（健康）。みんなで協力して育てたり，育ったトウモロコシで料理を作ったり，配膳することで，人に喜ばれる経験をすることによって，感謝の気持ちにつながる（人間関係）。また，育てることで，水をあげないと元気がなくなることを知る。トウモロコシにひげが多くついていると実がたくさん詰まっていることを，子ども自身が発見する（環境）。トウモロコシは，食べると甘いことがわかる。いろいろな食材を知ることで，甘いすっぱい，苦いなど食べたものを自分の言葉で伝えることにつながる（言葉）。また，自分で作った料理を盛り付けたり，作ったものを絵で描いて表したり，同じ食材でも，子ども一人一人表現や受け取り方が違うおもしろさがある（表現）。

① 「わあ，たくさん実がつまっている」

② 「どんどん皮をむくと，びっしり粒があるよ」

③ 「ひげがいっぱいついているのは実もたくさんついていたよ」

子どもたちが育てたトウモロコシの皮をむいている写真。自分でどのような実がどのくらいついているのか興味をもって真剣に皮をむいている。子どもたちは自分で気付くことで，より興味を持つ。

図5-3　トウモロコシの皮むき

写真提供）福岡県古賀市久保保育園

（2）園での取り組みがもたらすもの

1）園での経験

　家庭での経験が少なくなっている今，園での経験がもたらすものとは何であろうか。園でハクサイを使って子どもたちと調理を行った際，野菜の名前を聞いてみると，ハクサイをレタスやキャベツと答える子どももいる。本物のハクサイを持ってみると，その重たさに驚き，「触りたい」と興味を持って寄ってくる。ハクサイは木の上になる，ピーマンは土の中にできるなどと思って

いる子どもが多いことに驚く。家庭での経験が少なくなってきているからこそ，園で野菜を育て，さまざまな食材に触れる体験は，食に興味を持つきっかけになるのである。

① 食材に興味を持つ

タケノコはどのように土の中から生えてくるのか，ピーマンは何色の花が咲くのかなど，野菜を実際に育て収穫することで，子どもたちが自ら発見し気付いたことを話す。園で育てる取り組みが育てる楽しさだけでなく，食材への興味につながる。夏野菜のトマトやキュウリは，体を冷やす効果があることや，冬野菜のレンコンは体を温める働きがあることを伝え，子どもが知ることでより食材に関心を持つ。旬の食べ物など毎日の園生活の中で，本物に触れ，伝えることが必要である。

② 食べることに関心を持つ

園で毎日，いろいろな食べ物を食べることによって，子どもはさまざまな味を知り食べる楽しさを味わう。また，友だちや保育者と楽しい雰囲気で食べる中で，自分も苦手なものもがんばって食べようという気持ちになる。給食のメニューを通して，家でも食べてみたい気持ちや自分で作ってみたい気持ちが育つ。

③ 感謝の気持ちが育つ

園で初めて野菜を育てる経験をする子どもがほとんどである。毎日水をやることで，いのちの重みや世話をする人の気持ちを知ることができる。また，調理をすることで食事の下ごしらえや食器の用意，片付けなど，楽しくとも時間がかかることを知る。ゴマをすったり，給食に入っているサヤエンドウのすじをとったり，特別なことをしなくても自分たちが食べるものを作る体験をすることで，作ってくれた人や育ててくれた人への感謝の気持ちを育む。

④ 子どもと保護者をつなぐ役割

園での食育の取り組みの楽しかった経験を，子どもは保護者に伝える。子どもの苦手な野菜を使って園で調理をした際に，家でも作りたいという子どもの声に保護者も一緒に作ろうとする様子がみられる。子どもが園で行った楽しさを家庭でも伝えることで，保護者の意識も変化する。クラスだよりや食育だよりも，園での取り組みや様子を家庭に伝える重要な役割になっている。

⑤ バランスよく食べることを知る

園での給食は，バランスを考えて作られ，日頃子どもが家庭で食べない料理も出る。毎日の給食の始まる前に料理にどのような食材が入っていて，どのような栄養があるのか保育者が話すことで子どもたちは自分が食べている食材の効果を知る。毎日続けることで，子どもが自分で考えて食べる力を付けることにつながっていくのである。

(3) 実際の園での取り組み

1) 夏野菜カレー作り（育てた野菜でカレーを作って食べる活動）

実際の園での取り組みはどのように行われているのだろうか。福岡県古賀市のA保育園での取り組みをあげる。園では，子どもたちが育てたナスやピーマンを使って夏野菜カレーを作っている。園の目標は，「生産者，調理者，食品などへの感謝とともに，いただきます，ごちそうさまのあいさつをする」である。5歳児のねらいとして「命と食のつながりを学び関心を持ち，作り手，食べ物に感謝の気持ちを持つことや責任を持ち菜園作りに取り組む」ことをあげている。

5歳児は，ナスのへたを触ると「痛い」ことや，へたをめくると「白いところがある」と気付く。なぜ白いのか自分たちで調べると，光があたっていないからであるとわかる。自ら野菜を育てることで，今まで見過ごしていたことに気が付くのである。

また，育てた野菜で，2歳児から5歳児まで全員でカレー作りを行っている。3歳未満児だから調理ができないのではなく，2歳児は3歳以上児が育てたピーマンを洗う。3歳児はカレーの米を研ぎ，4歳児はカレーに使う野菜の皮をむく，5歳児は包丁で切る活動を楽しんで行っている。協力して作ったカレーを喜んで食べている姿がある。自分で野菜を育て，調理を行い食べる経験を通して収穫の喜びや料理をすることは時間がかかることを知り，残さず食べることにつながっている。保育者は，日々の食育活動を通して，子どもたちに感謝の気持ちを育てたいという願いを込めて，計画を立案し実践し，子どもたちにとってふさわしい活動であったのかを振り返り，評価し，次の活動に生かしている。

① 「ナスが大きく育ってうれしいな」

② 「おいしくなるように細かくしよう」

③ 「お母さんみたいに上手に切れるよ」

子どもたちが育てた野菜でカレーを作っている写真。ナスにはとげがあり痛いことやへたをめくると白いことに気付く。
2歳児から5歳児まで協力してカレーを作ることで，みんなで一つのものを作り上げる喜びや料理をすることは楽しく，時間がかかることを知る。

図5-4　夏野菜カレー作り

写真提供）福岡県古賀市久保保育園

2）梅干作り（漬けた梅干でおにぎりを作る活動）

日本の伝統的な食べ物である梅干も，以前は家庭で漬けられていたが，今では少なくなっている。園で，子どもたちと梅干を漬けることは特別な行事ではない。3月の散歩の際に保育者の声かけで，子どもたちが梅の木に花が咲いていることに気付く。5月になると「実がついてきているね」や，6月になると「実が大きくなったね」と，子どもからの気付きがある。毎日の園生活の中で，いろいろな木や野菜に目を向け，子どもたちと話し，梅干作りにつなげている。日々の保育とのつながりを大切にしている。

実際の梅干作りでは，梅に塩を入れると水分が上がってくる。子どもたちは，自分たちで塩を入れてシソをもむことを繰り返し，そこに梅から上がってきた水分をかけるとシソが鮮やかな色に変わり，その変化に子どもたちは驚く。また，自分たちで漬けた梅干を入れて自分でおにぎりを作って，遠足に持っていく。お弁当の中に自分で作ったおにぎりが入っているのを見ると，子どもたちはとても満足して食べている。これらの事例を通して，食育を特別なものや行事の一貫

ではなく，日々の保育の中に自然に取り入れていくことが必要であるといえる。

【梅干の作り方】
材料：梅1kg，塩150g，ホワイトリカー大さじ1，赤シソ，シソの量の18％の塩
〈梅の下ごしらえ〉
1. 梅を洗い竹のかごに入れて干す（午前中）。
2. へたをつまようじでとる。
3. ビニール袋に梅と塩とホワイトリカーを入れ袋をしばり，ごろごろころがす。
4. ビニール袋に入れたまま容器に入れておもりを置く。
5. 梅酢が上がるのを待つ。

〈赤シソのあく抜き～漬け込み〉
6. 赤シソを洗い干し，葉だけを摘み取る。
7. ビニール袋に入れて，シソ漬け用の塩3分の1を入れてもみ，しっかり絞り汁を捨てる。
8. もう一度，残り3分の1の塩を入れ同じようにもみ，絞り汁を捨てる。
9. 残りの塩を入れもみ，汁は捨てない。
10. 9.に梅から湧き上がった梅酢を入れる（シソの色が鮮やかな色に変化する）。
11. 汁（赤シソ）ごと梅の容器に入れ涼しいところに土用まで置く。

〈梅を干す〉
12. ガラス瓶に移し変え，土用の頃に干す（梅雨明け前後の晴天が続く3日間）。

〈熟成～完成〉
13. 涼しい所で保管する。このまま1年置くのが理想だが，10月頃には食べられる。

①梅のへたとり　　②梅に塩をまぶす　　③シソの葉ちぎり

図5-5　梅干作り

写真提供）福岡県古賀市久保保育園

　食べ物を大切にする気持ちや，一つの食材にはどれだけ人の手間がかかっているのか，残さずに食べることの必要性を幼児期に知ることは，これから子どもが生きていく上でも重要であるといえる。また，幼児期に，食べ物の命をいただき，自分たちも生きていることを知ることは大切である。幼稚園や保育所等では，子どもたちが苦手な食べ物を保育者が，ていねいに声をかけながら食べることができるように関わっている。無理に食べなくてもよいという考えもある。しかし，苦手な食べ物を食べることができると，子どもは自信を持つ。自分の苦手なものに挑戦する気持ちはこれから先，困難から逃げずにいろいろなことに取り組み乗り越えることにつながると

考える。子どもの心の育ちを大切にして，子どもの将来を見据えた食育活動を行うために，保育者や栄養士が協力して年間目標とねらいおよび内容の計画を立てる必要がある。

【演習問題】
① 本章を学んで，気付いたことを3つあげてみよう。
② もっと知りたいと思った用語について話し合ってみよう。

引用文献
1）日本保育協会：みんなでつながる子育て支援—地域における子育て支援に関する調査研究報告書，p.140，2011.
2）池本美香：「諸外国の子育て支援のどこに学ぶか」，法律文化，267，p.24，2006.
3）政府広報オンライン：もったいない！食べられるのに捨てられる「食品ロス」を減らそう，2016
4）農林水産省：食育白書　平成29年版，2018.

参考文献
・厚生労働省：保育所保育指針，2017.
・厚生労働省：保育所保育指針解説，2018.
・清水陽子・門田理世・牧野桂一・松井尚子編著：保育の理論と実践　ともに育ちあう保育者をめざして，ミネルヴァ書房，2017.
・内閣府・文部科学省・厚生労働省：幼保連携型認定こども園教育・保育要領，2017.
・日本保育協会：みんなでつながる子育て支援—地域における子育て支援に関する調査研究報告書，p.140，2011.
・文部科学省：幼稚園教育要領，2017.
・文部科学省：幼稚園教育要領解説，2018.
・増田まゆみ・矢藤誠慈郎・菱田隆昭他：ワークで学ぶ保育・教育職の実践演習，建帛社，2014.
・無藤　隆・汐見稔幸・砂上史子：ここがポイント！3法令ガイドブック—新しい『幼稚園教育要領』『保育所保育指針』『幼保連携型認定こども園教育・保育要領』の理解のために—，フレーベル館，2017.

第6章 「対話的な深い学び」のための子ども理解と保育実践

1. 子ども理解と対話的な深い学びとは

　子どもが毎日経験する活動は，生活の中で多様に変化し，保育者が当初計画した内容とは異なった方向へ展開することがある。そのときに，子どもが何を考え，どのような願いを持っているかをよく理解し，保育の記録を通して保育者同士が対話することで，自らの保育実践を振り返り，実践の手立てを探究し改善しようとする姿勢が大切である。これが保育の計画の基本となり，カリキュラム・マネジメントにつながっている。

　2017（平成29）年改訂「幼稚園教育要領」の「第1章 総則」に新しく記された「第4 指導計画の作成と幼児理解に基づいた評価」には，「幼児が望ましい方向に向かって自ら活動を展開していくことができるよう必要な援助をすること」と記されている。また，「保育所保育指針」にも「人，物，場などの環境が相互に関連し合い，子どもの生活が豊かなものとなるよう」計画的に環境を構成する必要性が記されている。

　このような保育を実現するためには，具体的な保育場面から子どもの姿をとらえることに着目しなければならない。それによって，子どもの願いを理解し，子どもが主体者として対話的で深い学びを実現するための手立てを見つけることができる。

2. 着目する子どもの姿と育ちのとらえ方

　まず，保育場面でどのような子どもの姿に着目するかについて考えてみたい。子どもの育ちのとらえ方は，一人一人の子ども観・保育観と関係するので，なかなか共通に理解することが難しいものである。しかし，具体的な保育場面を基にして，保育の手立てや方向性を考えると，共通理解ができやすいというメリットがある。そこで，保育場面での子どもの言葉や姿を記録することが必要となる。また，そのときの保育者の保育の意図や考え等を記すことも大切にしたい。以上は，実践記録と呼ばれる記録のとり方である。ここでは，実践記録の様式をベースとして，子どもの育ちをとらえるための記録について紹介しよう。

　この「育ちの物語」ともいえる記録の書き方は，①子ども同士の関わりや言葉を具体的に思い出し，②その後保育者が一番心に残った子どもの言葉をテーマとして設定し，③それまでのプロセスも含めて，その場面を取り上げた理由を書く。具体的に子どもの言葉や姿を書くことで，その場にいない保育者や保護者にも，そのときの保育の情景が目に浮かび，保育者の気付きを理解することができる。

この「育ちの物語」は「ラーニング・ストーリー」（ニュージーランド）の「学びをとらえる」観点[1]を参考にして再構成している。

【「育ちの物語」で着目する子どもの姿（保育場面）】
① 何かに興味を持ったとき
② じっくり熱中して取り組んでいるとき
③ 子どもが数人で関わって，コミュニケーションが活発になっているとき
④ 他者のことを考えたり，友だちに思いやりを示しているとき
⑤ 難しいこと，わからないことにも，ぐっとこらえて乗り越えようとしているとき
（※　子どもが自ら遊びや生活の中で見つけた課題に対して）

【保育場面の記録の書き方】
　子ども同士の関わりや言葉を具体的に書き，その後保育者が一番心に残った子どもの言葉をテーマとして，その場面を取り上げた理由を書く。姿をとらえるときの留意点は，子どもを肯定的にみて，子どもの言葉をよく聴くことである。具体的に子どもの言葉や様子等を書くことで，その場にいない保育者や保護者にも，そのときの保育の情景が目に浮かび，子どもの言葉に込めた思いを読み取った，保育者の気付きを理解することができる。①「保育者の気付き」→②「保育の考察」→③「育ちとしてみえてくる項目」という順で選択し，実践記録を分析することにした。次の事例から「育ちの物語」の書き方についてみていきたい。

1）K保育園の例　テーマ「ありがとう　せんせい」

記録日　20XX年1月24日

クラス 子ども	（1，2）歳児（男 9 名・女 12 名） 主人公　U児	場面状況 時間帯	それぞれが好きな遊びをしている　午前中
子どものこれまでの様子とこの場面を取り上げた理由	クラスの子どもたちは絵本が好きで，自由遊びの時間では，絵本を「とって」「読んで」とよく保育者に言っている。しかし，「話が長すぎないか，話の中身を理解しているか，この本は年齢に合っているのか」と思いながらも読み聞かせをしていることがあった。ここでは，そのような私の思いを，U児ちゃんの言葉で改めて考えさせられ，感動・感激したので書きとめ，考察したいと思った。		
保育場面（子どもの言葉・様子および保育者の言葉がけ・働きかけ）			子ども，クラスの状況
（子） Z児 U児 U児	（保） T保育者 T保育者 T保育者	こあらの部屋のマット上で5・6人集まって粘土遊びをしている。私（T保育者）のそばに，U児・Z児がいる。 「アンパンマンつくって？」 「はい」 「Uちゃんも！！」 「Zちゃんができてからね」 　粘土でアンパンマンの顔を作ってZ児に渡す。うれしそうな表情で受け取り，続けてU児に作ってあげている手元を見ているZ児。 「はい，Uちゃんの，どうぞ」 　粘土で作ったアンパンマンをU児に渡す。 「やったー！」 　しばらく作ってもらったアンパンマンを手の平に置いて見つめ，自分の側に置き，別の粘土を取り自分で何かを作ろうとするが，はっと顔を上げ，		保育室でブロック遊びや，描画・粘土遊びとそれぞれに数人ずつ集まって楽しんでいる。 ・U児 （2歳7か月） 言葉がはっきりしていて，大人とも会話がしっかりで

U児		「ありがとう，せんせい」	きる。理解力がある。その背景に，10か月の頃から園生活を送っている経験の豊富さや，絵本が好きなことがある。 ・Z児（2歳4か月）「Zもする」と意欲的で，U児と同じことをしたがる。
		U児と同じように別の粘土で遊びだしていたZ児も，U児のその言葉に気付き，	
Z児		「ありがとう，せんせい」	
	T保育者	「どういたしまして。ありがとうちゃんと言えてうれしい」	
U児		「ベンジャミンはありがとう言わんかったもんね」	
	T保育者	（最近よく読んであげていた，保育室にある絵本『こぐまのベンジャミンありがとうって言えたかな？』（文：クレア・クリードマン，絵：スティーブ・スモールマン，いのちのことば社，2010）のことを言っているとすぐ気付き）「そうだったね。でも，後でありがとう言ったもんね。すごいねUちゃん。ありがとう言えるね」	
U児		「うん！！」	
Z児		「Zちゃんもー！！」	
	T保育者	「Zちゃんも言えたね。うれしいなぁ」	

その後の子どもの状況や遊びの様子

	U児もZ児も別の粘土を取り，何かを作り始める。 U児は「お豆」を作っていた。たくさん作った中の1つを取り，「はい，T先生のお豆」と渡す。「ありがとう，Uちゃん」と私が言う。「はい，Zちゃんのお豆」と，Z児にもあげる。Z児は，ニコッとうれしそうに「ありがとう」と言っていた。

このような日々の場面記録をいくつかつなげてまとめる

上記の記録について話し合った内容【実践の振り返り】を書く

【実践の振り返り】

〈実践した保育者の振り返り〉

　上記の絵本は，ベンジャミンが親切にしてくれた友だちに対してお礼を言わないので，別の友だちが「お礼を言わなきゃ」とベンジャミンに伝え，次第に自分からお礼が言えるようになるというストーリー。私に対して，「ありがとう」を忘れずに言ったU児。お礼を言っていなかったZ児も，その言葉にハッとし，感謝の気持ちを伝える。それを，ベンジャミンの絵本と似たような場面だとU児は気付いたことを感じた。ただ読んであげていた絵本をU児はしっかり見て聞いて，感謝の気持ちを伝えることの大切さを感じ，学んでいる。U児だけでなく，他の子どももそうなのかもしれないと感じた。「絵だけを見て楽しんでいるのかな。内容はわかっていないのかもしれない」と感じていた自分の思いを反省した。今後も，たくさんの絵本と出会わせてあげたいし，ていねいに絵本を選び，読み聞かせをしていかなければと思う。また，「ありがとう」はどのようなときに使う言葉なのか，私自身が生活の中で子どもたちに言うことで伝えていきたい。

〈複数の保育者で振り返りをしたまとめ〉

・子どもが発した「ありがとう」を，T保育者もあの絵本のことだと気付いている。「内容はわかっているのかな」と思いつつ何気なく読んでいた中での出来事に，保育者としていろいろなことを感じながら成長している子どもの姿に気付かされ，そのことを振り返りの中で，今後ももっとたくさんの絵本に出会わせてあげたいと思っている。

・日常の生活には，子どもとのやり取りがあふれている，言葉によるやり取りも同様である。「ベンジャミンはありがとう言わんかったもんね」のひと言でこの1歳児の感性と記憶と理解力，加えて社会性の育ちさえ感じ取ることができる。

・この1歳児のグループは0歳児からの仲間が多い。0歳児，1歳児だからといってあなどれない程，感性の豊かさと吸収力がある。0歳児のときからたくさんの絵本にふれあい，自分の好きな絵本を取

ってきては保育者に読んでもらうことが多かった。1歳児になり，担任保育者が変わっても子どもたちの好きな遊びの一つである好きな絵本を読んでもらうということは続いていた。この保育の連続性，子どもたちの好きな遊びは保育をする担当者が変わっても，同じように自然に受け入れられていることが子どもたちには心地よいことであり，存分に遊びを楽しめる環境となる。そのことを大事にする保育者間の連携があってこそ実現する保育である。

保育の場面記録を時系列でみていくと，「育ちの物語」が作成され，保護者にとっても子どもの育ちを理解しやすい記録となる。考察の中で見出された，子どもの姿を「幼児期の終わりまでに育ってほしい姿」（10の姿）の視点からとらえ，保育の振り返り（援助の内容等）や，今後の保育の方向性について考え，育ちとしてみえてくる項目として，保育者が複数で保育の振り返りをした下記の表を，次にみてみよう。

[10の姿の視点]
①健康な心と体　②自立心　③協同性　④道徳性・規範意識の芽生え
⑤社会生活との関わり　⑥思考力の芽生え　⑦自然との関わり・生命尊重
⑧数量や図形，標識や文字などへの関心・感覚　⑨言葉による伝え合い　⑩豊かな感性と表現

保育場面の気付き	保育者の考察（単・複）	10の姿の視点からみた子どもの育ち
・U児が忘れずに言った「ありがとう」はどのようなときに使う言葉なのか，どの程度意識しているだろうか。	・繰り返し読んでもらった本（読んでいる保育者自身はこの内容は少し難しくないだろうかとの思いがあった）の内容を理解し，どのような場面で使うのかも把握して実行できる姿をみた。	⑥思考力の芽生え
・ベンジャミンの絵本と似たような場面だとU児は気付いたのか。	・実際の生活の中で絵本の中の出来事を覚えていて実行するという，豊かな感性が育っているし，表現する力もある。	⑩豊かな感性と表現
・「ベンジャミンはありがとう言わんかったもんね」	・ベンジャミンは単に絵本の中の登場人物だけではなく，U児にとっては仲間的な存在である，ベンジャミンはこうだったから，自分はこうしようと考えている。	⑥思考力の芽生え
・Z児もその言葉にハッとし，お礼を言う。	・一緒に絵本を楽しんでいたZ児もU児の言葉に無関心でいるのではなく，ハッと気付いて同じように「ありがとう」を言う。友だちとの協同性が育っていることがうかがえる，友だちの言葉への反応である。	③協同性

2）K保育園　3, 4, 5歳児クラスのクラス便りの例
テーマ「カエルの気持ちば考えてみらんと！」（5歳の言葉）

朝夕に秋の気配が漂う今週，サムエルチームにある仲間が増えました。前日は雨の恩恵か，H子がカエルをビニール袋に捕まえて持って来てくれました。生き物が大好きな子どもたちは大興奮で虫カゴを囲んでいました。ジャンプするたびに歓声が上がり，壁をペタペタとよじ登る姿に感動していました。そして，自然に「カーエールーのーうーたーがー♪」と合唱が始まり，公園に行くと「さびしそう！」と仲間探しをしたり（残念ながら見つからず…図鑑等に載っていたダンゴムシを食べているカエルの場面をカゴの前に置いて，「友だちだぞー！」と言っていました…が図鑑の裏側はダンゴムシのカゴ…なんとも言い難い光景でした…）と，頭の中はカエルのことでいっぱいのようでした。わずか半日でカエルへの愛着が湧いてきたようでした。

その日，カエルミーティングを開催しました。まずは子どもたちの名前を1人ずつ呼ぶと，突然でしたが子どもたちもうれしそうに反応し，全員を呼び終わった後に「人間！」と呼ぶと…「違うよー！ちゃんと名前があるよ！」と怒られました（笑）。"名前を呼ばれる＝うれしい"，そこからカエルの名前決めを始め，ケロ，ゲロ，かえるくん，キョロ，エマ，かっぱ，クロ，ユキ，ゆいぴー，えんまだいおう，ももか等の意見が上がりました。しかし，雄雌がわからないという難題にぶち当たり，それは私が調べてくる宿題になりました（笑）。ということで，オスの場合とメスの場合の2パターン考えることにし，多数決の結果，「オス：クロくん，メス：ユキちゃん」に決まりました（カエルは雌雄判別が難しいようですが，一番わかりやすいのはわき腹を指でつまんで鳴くかどうか…実は私（担任）は子どもの頃，カエルでトラウマがあり，今でもあまり…なんてことだ…夕方，みんなが帰った後の保育室で一人格闘…そして…静かな保育室内に響いたのは私（担任）の叫びでした（笑）。カエルは鳴かず，ということでおそらく雌であろう…）。また，<u>エサについては子どもたちに「家で調べられたら調べてみてね」</u>と話してみました。

<u>翌日は朝からさまざまな回答を携えて登園してくる子も多く，その多くが「虫！」でした。なかには魚肉ソーセージを持ってくる子もいて，図鑑にエサとして載っていた煮干し・いりこのかけらを一緒に与えてみました。</u>…しかし，全く食べない"ユキちゃん"は，虫カゴの上部ばかりにしがみついていました。それは夕方になっても変わらず…。急遽，連日のカエルミーティングを開き，子どもたちに今後の"ユキちゃん"について尋ねました。朝からの食事状況を知っている子どもたちは，「弱っちゃうよね…」と心配そうに口々に言い，「やっぱり虫じゃないと食べんとじゃ？」と意見する子もいました。また，直前に読んだ紙芝居のことを思い出し，「雨が好きだったよね？」「たくさんジャンプするのに狭いよね」など"ユキちゃん"を思う気持ちが出てきました。しかし，飼いたいという思いが圧倒的に強く，「雨が降ったら，外にカゴを出してあげよう！」「虫を捕まえてくる！」など解決案を出していました。しかし，そこで放たれたある言葉から雰囲気は一変しました。「カエルの気持ちば考えてみらんと！」，その突然の厳しい一言は子どもたちの心に届き，「家に帰りたいよね…本当のお家じゃないもん」「外に出たいから，上に登ってると思う」「雨が降るか，外見とるんじゃない？」など，流れの変化を感じました。大好きな"ユキちゃん"を思う子どもたちの気持ちがうれしかったです。そして，明日明後日あたりの雨が降る日に自然に返してあげることとなり，子どもたちにとっては苦渋の決断だったように思います。"ユキちゃん"のことを思う子からは，「夜が一人でかわいそう！」と心配する声が上がり，折り紙で仲間を作ってあげ，虫かごの周りに並べる優しい姿がありました。なんという優しさ…。

ついにやってきた別れの日。手を振り，公園内の茂みに返してあげました。わずかだった"ユキちゃん"との時間でしたが，この出会いが子どもたちの心を優しく，少したくましくしてくれたのではないかと思っています。さようならのあいさつの前のお祈り（最近は子どもたちが順番でお祈りするようにしています）では，「ユキちゃんがお外でも元気に過ごせるように守ってください」と一生懸命に祈ってくれました。ユキちゃん…お元気で。

①折り紙のカエルをお友だちにして！

②"ユキちゃん"とのお別れの日

図6-1　カエルの"ユキちゃん"との交流

【実践の振り返り】

　テーマの「カエルの気持ちば考えてみらんと！」（熊本弁）といった子ども（年長児）は，普段は自分勝手な言動が多く，時には感情とともに手が出てしまうこともある。その度に一人反省する時間を上手に持ち，悪かったと思ったら素直に謝ってくる子どもである。その子がカエルの"ユキちゃん"と別れるのはやっぱりいやだと，外に放してやることに躊躇する仲間に対して，少し強い口調で言ったのである。

　その場のその子の意外な一言で，みんなの気持ちはスーッと，やっぱり"ユキちゃん"は自然の中に返すことが一番だと納得するに至った。傍らにいて，一番感動しながらこの場面を見守っていたのは保育者である。子どもたちの真剣に"ユキちゃん"と関わり合う様子，どうしたらいいだろうと悩みながらあれこれ試しつつ，一人はかわいそうなので折り紙のカエルを"ユキちゃん"から見える場所に置いたりと，さまざまな工夫をした。そして苦しい決断のとき。大人から説き伏せられて"ユキちゃん"を自然へと返したのではない。みんなで考え合い，納得し合った中で決定したことだった。これを保護者に伝えずにはいられないと，保育者はこの週のクラス便りにこの記事を載せた。記事を読んだ保護者からは，日ごろ"ユキちゃん"の話を聞いていただけに，さまざまな温かい反響があった。

　次に，園内研修会で，この事例を「10の姿の視点」から検討してみた。

[10の姿の視点]
①健康な心と体　　②自立心　　③協同性　　④道徳性・規範意識の芽生え
⑤社会生活との関わり　　⑥思考力の芽生え　　⑦自然との関わり・生命尊重
⑧数量や図形，標識や文字などへの関心・感覚　　⑨言葉による伝え合い　　⑩豊かな感性と表現

保育場面の気付き	保育者の考察（単・複）	10の姿の視点からみた子どもの育ち
・これまでの保育所の生活の中で自然や動植物等に触れる機会がたくさんあり，自ら楽しい，おもしろいと思えるものへ集中している。そして，安心してその場を十分に楽しんでいる。	・カエルの興味を示して，カエルの入った虫かごを取り囲む。	①健康な心と体
・カエルに対する互いの思い（感動）を共有して，自然と合唱に発展している。誰かが口ずさんだ歌（日ごろ歌っている歌）に皆が共鳴し充実した時間となっている。	・カエルを感動して眺めながら，「カーエールのーうーたーがー♪」と合唱をしている。	③協同性
・カエルを育てたいという思いから，「何を食べるだろう」とそれぞれが家に帰っても考えてくること，考えたり図鑑で調べたりしてエサを与えたという一連の流れの中で，子どもなりの予想や気付きを持つことができた。また，目的意識を持って図鑑を見ることで，調べるということへの関心が広がっている。	・エサについては，子どもたちに，家族と話題を共有してほしいとの願いから，「家で調べられたら調べてみてね」と話し，図鑑にエサとして載っていた煮干し・いりこのかけらを一緒に与えてみる。	⑥思考力の芽生え ⑧数量や図形，標識や文字などへの関心・感覚

3. 保育の場面記録から子どもの姿をとらえる【演習】

1) K保育園の例　テーマ「もうやめなさい！」

記録日　20XX年12月25日

クラス 子ども	3歳児（10名），4歳児（9名），5歳児（9名） 主人公　K子（4歳児）	場面状況 時間帯	午前中，外遊びから帰ってきた後の室内遊び
子どものこれまでの様子とこの場面を取り上げた理由	うさぎグループ（4歳児）同士で遊んでいることが多かったK子が，りすグループ（3歳児）と遊ぶ姿が多くみられるようになってきた。その中でりすグループ同士のよくあるようなケンカが起こったのであるが，保育者が間に入らなくても子どもたち自身で解決できると改めて実感し，異年齢保育のよさを感じた瞬間だった。		

保育場面（子どもの言葉・様子および保育者の言葉がけ・働きかけ）			子ども，クラスの状況
（子） A子 K男 A子 K子 K子 A子 K男 A子	（保）	K子（4歳児），K男（3歳児），A子（3歳児）ら数名で，粘土遊びを黙々と楽しんでいた。そのとき，K男が，粘土を平らにする棒をずっと手元に置いていた。 「ねえ，それかして」 「やだ」 「A子もつかいたい！」 とケンカを始めた。はじめは口ゲンカだったが次第に互いに手を出すようになりケンカが激しくなり始めた。すると，黙々と遊んでいたK子が突然立ち上がった。 「もうやめなさい！　たたいたらいたいとよ！　K男くん，いまつかいよる？　それK男くんだけのじゃないんだよ，だけんA子ちゃんにもかしてあげて？」 K子に言われ，K男も渋々A子にその道具を渡す。A子はそれを黙って受け取った。 「A子，ちゃんとありがとうは？」 「ありがとう…」 「いいよ！　A子がおわったらK男にもかしてね」 「うん！　これおもしろいね！」 と二人で笑い合いはじめた。 K子もその様子を見て微笑み，何事もなかったようにまた黙々と粘土遊びを始めていた。	午前中，室内での自由遊びの時間であった。 私（H保育者）は隣のテーブルで他の子どもとカルタをして遊んでいた。 他の子どもたちは自分たちの遊びに没頭している。

【実践の振り返り】

　はじめは，「ケンカしてるな」「どうするかな？」と様子を見て間に入るつもりであったが，大人が間に入らずとも子どもたち自身で話したり，解決しようとしており，子どもの持っている力を再確認した。また，止めに入ったK子は園ではおとなしく，あまり自分の意見や気持ちをはっきりと言わない姿をよく見ていたので，まず，ハキハキと，りすグループ（3歳児）を叱る姿に驚いた。その場面に合った的確な言葉で伝えていた。K子のこういった一面に気付くことができたのも，この異年齢の保育環境があったからだと思う。

【演習問題】

　この場面記録を読んで，K子，K男，A子それぞれの育ちをとらえてみよう。

2) K幼稚園の例
テーマ「いいねぇ，ぼくも作ってみよう」（年長児のお店やさんごっこ）

記録日　20XX年6月X日～XX日

クラス 子ども	（ 5 ）歳児（男 14 名・女 12 名） 主人公　K男，M男，T男，S男	場面状況 時間帯	お店やさんごっこの活動経過の中での自立心と協同性
子どものこれまでの様子とこの場面を取り上げた理由	K男が空き箱ロボットを作る様子を見ていて，M男，T男，S男が自分の思いやイメージにこだわりながらも，だんだん他を認めていくことによって協同性が生まれていく経過が，よく表れている場面だと思ったから。		
保育場面（子どもの言葉・様子および保育者の言葉がけ・働きかけ）			子ども，クラスの状況

（子）	（保）		
K男	担任保育者 担任保育者	6月の始め，年長児のK男は，しばらく体調が悪く園を休んでいた。もともと，K男は，この「お店やさんごっこ」では「じどうはんばいきやさん」をやると意欲満々であったが久しぶりに登園すると，もう，さまざまなお店づくりが進んでもおり，「じどうはんばいきやさん」は誰も取り組む子がなく，K男一人でやらなくてはいけなくなっていた。そのような状況に保育者は，K男がやりたいと決めていた「じどうはんばいきやさん」を一人でも取り組んでほしいという思いがあったので， 「K男君，一人でもいいじゃない。自分がやりたいじどうはんばいきやさんやってみたら」 と言葉をかけてみたが，K男は，それには答えず，黙っている。もともと会話の多い子ではないが，何か考えている様子である。他の子どもたちが，準備しているお店やさんを，しばらく眺めていたが， 「おもちゃやさんになる…」 と言ってきた。そのとき，クラスの中では，7つのお店が展開していたが，K男にとって，お店として関心が持てたのが，「おもちゃやさん」だったのだろう。「おもちゃやさん」はM男，T男，S男の3人で始めていた。そこで， 「K男君が，いっしょに，おもちゃやさん，やりたいって言ってるけど入れてあげてもいい？」 とその3人に伝えた。すると，3人は， 「いいよ」	5月下旬頃から6月の中旬頃にかけて行った「お店やさんごっこ」。年長児が，それぞれ，いろいろなお店を考えて開き，年中・年少児が，お客さんになって，お店で買い物を展開するという異年齢の遊びの交流の場でもある。この活動の柱は，やはり，年長児のお店づくりである。
おもちゃやの3人 M男		と，あっさりと答えた。困ったという様子でもなく，うれしいという様子でもない言葉だった。そのような反応が少し気になったが，その場は何も言わず，子どもたちにまかせた。 　K男は，「おもちゃやさん」になったということで，家に帰って，空き箱などでロボットを作って翌日持ってきた。 　おもちゃやさんのリーダーはM男である。おもちゃやさんの品物をいろいろ考えてT男やS男に提示しつつ3人で製作に夢中になっている。そのようなM男にK男が，家庭で作ってきた空き箱ロボットを見せると， 「なに？　それ。だめよ」 とM男に一蹴された。K男は，家庭で一生懸命作ってきたものが否定されてしまった。 　しかし，否定には理由がある。M男たちには始めから，おもちゃやの品物のイメージが一定している。製作していたものは，輪ゴムで跳ねる「ぴょんぴょんガエル」や「絵合わせカード」のようなものだった。空き箱ロボットはイメージがずれている，というのはよくわかる。でも，K男の沈んだ気持も理解できる。	

M男	担任保育者	「先生はK男君のロボット，いいと思うけど，M男君たちにも考えがあるみたいよ」 とK男に話し，それ以上のことはせず，見守ることにした。保育者が，そこにより深くかかわるというより，子どもたちに任せた方がよいと判断したからだ。 　K男は，翌日からコーヒーのフィルターやストロー，スポンジなどを使って，ヨットなどを作ってきた。マストが伸びたり縮んだりするアイディア満載の製作物である。そんなK男の様子を，クラスの集まりで紹介していった。 　M男も少しずつ変化を見せた。K男の作ったものを見て， 「いいねぇ，ぼくも作ってみよう」 とK男を認めるようになってきた。二人のコミュニケーションがつながったように感じる。 　K男もM男に認められるようになって，前とは違った自信のようなものが見え始めた。 　おもしろいのは，M男がK男を認めたといっても，K男と同じようなものを作るというのではなく，始めからこだわって作っていた「絵合わせカード」などをやっぱり製作している。ただ，以前のものと同じではなく，新しいアイディアを考えて，バージョンアップしたようなものが増えていく。K男から，刺激を受けたという形だ。T男もS男もこの二人の製作意欲に影響され，どんどん活発になっている。もちろんK男も，自分の作りたいイメージを崩さず進めている。おもちゃやさんのグループ意識は，ずいぶん高まってきている。

図6-2　絵合わせカード　お店やさん

【実践の振り返り】

　自立心とは子どもが何をしたいのか，どうすればよいか，自分で考え，自分で伝え，自分で行動するための心構えである。この「K男の空き箱ロボット」の事例の中では，まずK男の何をしたいか，どうすればよいか，自分で考え，自分で伝え，自分で行動することを求められる場面がいくつも出てくる。K男は，さまざまに，それに直面していく。でも，適切な関わりが確かにできている場面ばかりではない。しかし，葛藤しながらも，なんとか自分で解決していこうとするようすは感じる。

　M男もそうである。自分が何をしたいのか，どうすればよいのか，自分で考えることは，比較的できているように感じるが，自分の思いを仲間に伝え共感につなげることができているか，そのためにどのように行動するのかは課題の残るところである。

　ただ，自立心は，保育者が「このようにしなさい」と行動マニュアルのようなものを幼児に教えても育つものではない。自立していく心構えが育つ場面を，子どもたちが，「葛藤」を通して実際に体験していくことが一番の学びである。

　この事例の中で，子どもたちが「自分がやりたいこと」「もっとこんなふうになればよいと思うこと」「思いが伝わらないこと」を子どもが受け止め，考え，それを伝え，実現していく場面をきちんと理解し，子どもの側に立って支えていくことが大事であろう。

　また，もう一つ大事なことは，自立心と協同性の関係である。T男，S男がK男の活動の様子に刺激を受けて，自分の思いが変わっていき，行動が変化し，「おもちゃやさん」が豊かになっていく過程にみられるように，自立心は，協同性と表裏一体である。

　仲間同士の関わりの豊かさの中から育つ自立の心なのである。つまり，協同性に充実感を持つことが自立心を創っていく大事なステップであることを保育者が子どもに関わる上で見過ごしてはならないことである。

　保育の場で保育者は迷う。保育現場は動いているので，どのような言葉がけが，今，必要なのか，どのような援助や指導が大切なのかは，その場その場で判断しなければならないからである。状況や子どもの様子によっても保育者の言葉や行動も違ってくる。

　事例の中にも，保育者が，どうすべきか迷うポイントは，いくつもあると思う。K男の空き箱ロボットが仲間に否定された場面など，もっと保育者が，子どもたちに，援助・指導すべきではなかったのかなど検討の題材は多いであろう。

　しかし，担任保育者は，悩みながらも，「子どもにまかせる」という選択をしている。これは，そこにいる保育者の「子ども理解」に基づく「自立心の育み」と「協同性の育み」を大事にしているからに他ならない。つまり「子どもたちは，自ら課題を見つけ，自ら行動し，自らも解決していける有能な学び手」だという「子ども観」に寄るからである。

【演習問題】

　この場面記録を読んで，K男，M男それぞれの育ちをとらえてみよう。

3）K幼稚園の例　テーマ「せんせー，これなんのき？」（みかんを描く3歳児）

　秋の遠足で，年少クラスは，「みかん狩り」に出かけた。園からバスで，30分ほどで，広いみかん畑に到着する。みかん畑に入ると，もうかすかに，甘い香りが漂ってくる。周りには，おひさまが輝くような，ぴかぴかした黄色いみかんが子どもたちを囲んで実っている。まず，保育者が，子どもたちの傍らにある，みかんの匂いをかいでみることを勧めると，どの子も，興味深そうに，みかんに鼻をつけて甘い香りがすることを楽しんでいる。次に，一個ずつ自分でみかんをもいでみることに移る。
　このところ，少し登園拒否ぎみだったS男の様子が心配だった。S男は，初めてのことがなかなかスムーズに受け入れることができない。みかん狩りという体験は，もちろんS男にとっては初めてのこと。気になって，みかん畑の中をS男の姿を探し様子をみたが，とても興味深そうに自分で，もいだみかんをしきりに見つめ，匂いをかいでいる。その後，他の保育者のそばで一緒に，もいだみかんを食べている。表情には，はっきりと現れないが，S男なりに充実感を感じているようだ。
　そのような「みかん狩り」に行った2日後のことである。年少クラスの部屋の壁面に，大きな模造紙に描いた「みかんの木」が貼られていた。登園してきた子どもたちから，それに気付き「せんせー，これなんのき？」と尋ねてくる子もいる。これは，保育者が，あえて製作して壁に貼った「みかんの木」である（図6-3-①）。
　保育者が「みかんの木」を用意したのには，理由がある。子どもたちの「みかん狩り」の様子をみていて，保育者として特に感じたことがあったからである。子どもたちの，みかん狩りの体験が，どの子にも充実した特別なひとときであったということである。そのような体験の「熱」が強く残っている時，ぜひ，そんな体験を「表現する」という場を作ってみようと考えたからである。この「みかんの木」に子どもたちが，それぞれクレパスで，みかんを描いたものを貼りつけていく活動である。「みんなで，この部屋を，みかんでいっぱいにしよう」と保育者は呼びかけた。
　「みかんの木」にみかんを描いて貼っていく活動が始まった。クラスの子どもたちが一斉に描くのではなく，「描きたい」と思う子どもから，自由に描いていく活動だ。描くことが好きなR男やK子が，まず描き始める。描きながら，子どもたちがつぶやく言葉がおもしろい。
　R男は「これは，ママがたべたみかんなんよ」とニヤニヤしながらつぶやく。食べたあとの部分まで描いて，そこに，お母さんの顔を描いている（図6-3-②）。
　K子は「みどりのとこもあった」と，当日自分でもいだ，みかんの様子をよく覚えていて，しっかり緑の部分を塗りこんでいる（図6-3-③）。
　H子は，いくつものみかんを画用紙に楽しそうに次々描いている。「これがパパのみかん，これがママのみかん，これが子どものみかん」とつぶやきながら，家族みんなのみかんを描いているようだ。時折，みかん狩りで持ち帰ったみかんを家族で食べたときの様子を笑顔で話してくれる（図6-3-④）。
　クラスに残っていた，みかんを持ってきて描いているのはY男である。描かないで，「みかんの木」に貼りつけられていく友だちのみかんを，このところ眺めているばかりだったが，急に，描画行動に出てきた。おもしろいと思ったのは，まず，そのみかんを画用紙の上に乗せ，同じ大きさに描こうとしたのか，みかんを押さえながら周りをぐるりとふちどって，描き終わったら，あらためてみかんを観察して描き加えるというやり方である。Y男ならではの個性も表れていると思う。
　このような子どもたちの姿を見ていると，みかんを描くというよりも，その子その子の，みかんに関わる出来事に沿って生まれてきたことを，思いめぐらせ，まるで「物語」をたどっていくかのように楽しんでいくという雰囲気が伝わってくる。子どもたちの心情が温かく感じられる。
　一方，みかん狩りの日に，気にかかっていたS男は，どのようなみかんを描くのだろうと期待していたが，まだ，描画までには至っていない。ただ，友だちの描く様子を眺めているので，みかんの描画には関心は向いているようだ。そのまま，見守ることにした。
　みかんの自由な描画活動が始まって，3日目のことである。「みかんの木」には，大小，色とりどりのユニークな子どもたちのみかんがいっぱい貼られている。そのようなとき，S男が，みかんを描いている真剣な姿が認められた。保育者は，なんだかうれしくなり，描く様子を，そっと近づいてうかがってみた。S男は，丸く囲うように描いた橙色の線を満足げに見つめている。丸く囲った線の中に，黒の点をゆっくりと付けていく（図6-3-⑤）。
　S男の夢中な様子に，声さえかけられない場面だった。しかし，保育者としては，そんな描画をしているS男の心の中が理解できるようだった。みかん畑で，みかんをじっと見つめて，匂いをかいでいるS男の姿がだぶるからである。S男にとって，みかん畑で「五感」で感じたみかんは，描くことで，S男だけのより特別なみかんに変身していっているのだろう。

3．保育の場面記録から子どもの姿をとらえる【演習】　69

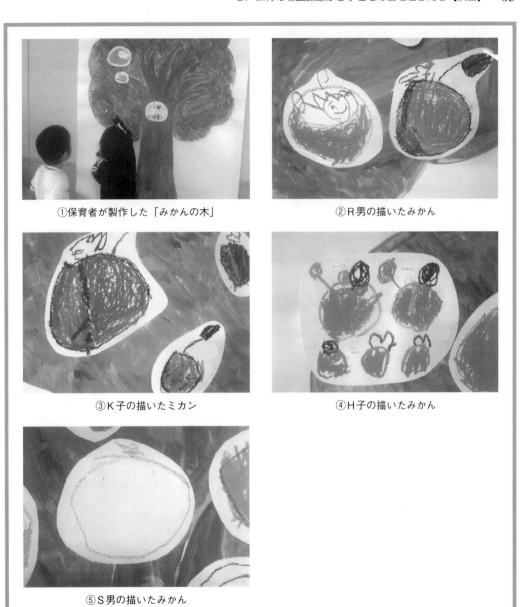

①保育者が製作した「みかんの木」　　②R男の描いたみかん

③K子の描いたミカン　　④H子の描いたみかん

⑤S男の描いたみかん

図6-3　みかんを描く

【実践の振り返り】

　子どもたちにとって、みかんを描くことは同じだが、描きたかったものや描きたい思いは異なっている。「表現」は、個々の子どもによって異なってくる。その子が「表現」したかったものは何かを、保育者として受け止めることとその手立てが必要であろう。この事例では、描いている時の何気ない「つぶやき」に耳を傾けていくことにあったし、また、それぞれの子どもの「様子」を観察していくことにも出ている。そのような子ども理解を基盤にするのが、「表現の育み」であり「創造性の育み」であるように思う。

　保育は、体験を通して深められる。だからこそ、保育者は、どのような体験で、どのようなことが育まれるのか、「願い」と「見通し」を立ててカリキュラムをつくっていくべきであろう。この事例のみかん狩りの体験の中にもあるように、保育者が大切にしたかったのは、子どもたちに「感じる」という体験をしっかり意識させることであった。みかん畑の中で、みかんを目で観察する、匂いをかぐ、感触を確かめる、みかんを味わうというような五感で感じることは、「感性の育み」として欠かせない原体験である。

　また、感じたことを記憶にとどめ、それを表現するというつながりも大事であろう。表現する方法は、いろいろあると思うが、この事例では、描画をするという形で進めていた。描画表現は、ややもすると「描かせる」ことを通して「作品」を完成するというような方向も出てくるが、この事例では、子ども一人一人の「みかんを描く物語」を表現する場を広げているという点に着目したい。家族皆でみかんを食べて生まれた楽しいひととき、みかん畑のみかんへの愛着等々、その子が描きたいみかん、それぞれ個別の思いが湧いてくることがつづられている。みかんを「うまく描けた」「うまく描けなかった」ではなく、思いを持って描ける活動を展開している。

【演習問題】

　この場面記録を読んで、S男、R男、K子、H子の表現から子どもの育ちをとらえてみよう。

引用文献

1）保育・子育て総合研究機構研究企画委員会：保育園における「子どもの育ちと学びの分かちあい」への招き，全国私立保育園連盟，p.27，2008．

参考文献

・鯨岡　峻：子どもの心の育ちをエピソードで描く，ミネルヴァ書房，2013．
・鯨岡　峻・鯨岡和子：エピソード記述で保育を描く，ミネルヴァ書房，2009．
・マーガレット・カー著，大宮勇雄・鈴木佐喜子訳：保育の場で子どもの学びをアセスメントする，ひとなる書房，2013．

第7章 記録のとり方と保育の評価

1. 保育の活動記録と評価の意義

　保育において，記録をとり評価することには，どのような意味があるのだろう。保育が計画どおりに進められ，何事もなく過ぎていくならば，日々なぜ記録し評価する必要があるのだろう。記録や評価は，計画どおりに進まなかったときに必要になるものだろうか。あるいは，子どもたちにどのようなことができていて，できていないかを評価するためだろうか。忙しい毎日の保育業務の中で記録の整理や評価をする時間もとりにくい中，保育者にとって負担となっていることが多いにもかかわらず，なぜ行わなければならないのだろう。それでは，保育を行う上で，記録も評価もしないとするならば，日々の保育は今後どうなるのだろう。そのように考えると，保育において記録をとり，評価する大切さがみえてくるのではないだろうか。

　そもそも保育は，「幼稚園教育要領」「保育所保育指針」「幼保連携型認定こども園教育・保育要領」が示す保育の目標を実現するために，環境を構成し，子ども自身が遊びを通してさまざまな経験により自ら学ぶものである。それは，保育の実践のみで実現するものではない。常に保育を見直しながら，保育の質を向上させることが必要である。そのためには記録をつけ，その日の保育実践の全体やその中でみせた子どもの姿などを振り返ってみなければならない。

　記録もなく保育を振り返らず，保育の自己評価もしないのでは，明日からの保育は成り立たない。本来，記録と評価はそれほどまでに密接につながっている。記録とはいっても，日々の出来事について時間を追って書き綴る方法だけではない。子ども一人一人が生活や遊びの中でみせたさまざまな姿，何の屈託もなく全身で生きる喜びを表現している姿，何かの迷いをみせながら不安そうにしている姿，集団の中でみせるその子の姿，昨日までとは明らかに異なる成長の姿，怒りに任せて友だちを傷つけてしまった後の姿，家庭での問題を原因として保育者にべったりとくっついて離れようとしない姿等々，子どもたちがみせるさまざまな姿を記録も評価もしないで毎日が過ぎてしまうならば，何かが失われるだろう。

　それだけではない。保育のおもしろさは日々の子どもたちがみせる変化や保育者の予想をくつがえす言動等によって味わうことであり，記述し，省察し，展開を予想していなければそれらを実感することはできない。つまり，予想している保育について熟考すること，省察することが現実の子どもとの違いを認識し，保育者としての力量を高めることになる。つまり，保育記録と評価は子どものためでもあり，保育者自身の成長のためでもある。さらに，記録を園内で公開し，互いに保育について考え合い学び合うことによって，園全体の保育の質はさらに高まっていくであろう。さらに，記録を家族と共有したとき，保護者の子ども理解を促進したり保育の意義や意味を認識したりすることにもなる。このように，日々の保育を記録し，批判的に検討して振り返ることは，保育者の成長と保育の質の向上に不可欠である。

(1) 子ども理解のために

　保育は，一人一人の乳幼児の心情，意欲，態度を養い，生涯にわたって大切になるさまざまな能力の基礎を培うことが求められる。しかし，保育における学びは，小学校以降の学び方と違い，日々の生活の中で出会う環境によって間接的に行われる。保育者は，そのために意図を持って指導計画を作成し，子どもの生活や遊びにふさわしい環境を構成し，子どもとともに経験の中で学び合う。この日々の繰り返しの中で，子どもとはどのような存在なのか，あるいは一人一人の子どもの成長を理解することが重要である。

散った後の桜の花びら　3歳児　　4月26日　記録者：O保育者

　登園するとすぐに，マグフォーで何かを作り始めたU君（図7-1）。お母さんから「桜の花が散ってるところを作っているようです」とのこと。
保育者「どこで見たの？」
U　君「来るときに，見た」
保育者「たくさん散ってたんだね」
U　君「うん！」
　そこへ，R君が磁石を一枚，「花びらの山」から取り外した。
U　君「ダメ！！」
R　君「…」
U　君「取ったら，ダメ！！！」
R　君「…」
U　君「花びらで汚れるよ！」
R　君「…」（無言で立ち去る）
保育者「花びらで，Rくんの手が汚れるっていうこと？」
U　君「うん」
【考察】
　R君の行為に，かなり強い口調で抵抗していたU君。
　朝，きれいだなと感じて思い出しながら再現していた「花びらの山」を崩されたことがよほどくやしかったので，「手が汚れる」という言い方をして，R君に伝えたのかもしれないし，雨に打たれて朽ちぎみの花びらをR君が触っては大変だ，と考えていたのかもしれない。しかし，「花びら『で』手が汚れる」という言葉がとっさに出てきたことに驚かされた。

図7-1　マグフォーで作った花びらの山

　この事例が示すように，保育者の見た子どもの表現物は，母親の説明なしには意味がわからなかった。そして，U君が表現したものに対して，R君は何気なしに取り外そうとした。取ってはいけないということの意味を，U君が言葉にしなければ，真意はわからない。しかし，それさえ

もそうではない可能性を含んでいることを，保育者は考えながら，この場面を振り返っている。このように，さまざまな場面を取り上げながら，子どもが何を思って表現し，どのように心が動き，他者との関係を築こうとしているのかを理解し，全体としてどのように発達しようとしているかを読み解くことが重要である。また，子どものさまざまな心の動きや物事の見え方，そして自分なりの物事に対する意味付けについて理解しようと努める必要がある。その繰り返しが，子ども理解を進め，保育の内容に影響を与えるようになる。

　一般的に，保育の中では，クラス全員のことを把握することの重要性についてはほぼ全員の保育者が理解していることであろう。そして，今日という一日の中で，どのようなことが起こったのかを記録することが多い。しかし，「○○という子どもは，どのような子どもであるか」という個々の子どものことを知っているとは限らない。一人の子どもを知っているというとき，何を基に知っているというのであろう。子どもを理解しようとするとき，そこには大人をみるときとは異なる視点が必要となる。

　子どもの日々の成長は，大人に比べて著しく変化する。そのため，保育においては「発達」という視点を持ちながら，子どもをみる必要がある。「発達」というと，何かができるようになった，あるいは何かを知っているという見方をすることが多い。そのとき，大人と比較して何ができていないか，何を知らないのか，足りないものは何かという視点で，子どもをみてしまいがちである。しかし，そのような単純な比較ではなく，その子が伸びようとしている方向はどこにあるのか，何を実現しようとする中で自分を発達させようとしているのかを見定め，生涯必要となる能力とはどのようなものであるかというしっかりとした視点を持ちながら，今までみせなかった姿を生活や遊びの中で読み取ることが大切となる。それら子どもがみせる姿は，自分で自分を発達させようと取り組み，学んでいる姿そのものであるからである。保育者は，その視点を理解していなければならない。

(2) 保育の展開のために

　保育の実践は，基本的にあらかじめ作成した保育計画に沿って行っている。しかし，それだけでは，子どもが本当に保育の主役として遊ぶことができないことも考えられる。子どもたちの興味や関心は，その日ごとに異なっていて，さまざまなものを使って遊ぼうとしたり，事象に向き合ったりしている。むしろ，子どもたちのいまの様子をみて，状況に合わせて保育計画を立て直すことが求められることが多い。

　そのようなとき，保育の記録を参考に，子どもの様子を読み解き，今までの保育の自己点検をし，子どもたちの実態に即した保育として練り直さなければならない。それは，個々の子どもの姿を読み解くことでもある。従来，保育においては，集団全体の姿の発達の様子をみて，保育の実践を考えることが多かった。しかし，「幼稚園教育要領」「保育所保育指針」「幼保連携型認定こども園教育・保育要領」では，集団一斉の保育をどのように実践するのかという問題だけでなく，一人一人の子どもの資質・能力を育んでいくことを求めている。すなわち，集団の中でどのように一人一人の子どもが発達しているのかなどを記録し，保育内容を通じて総合的な指導をする必要がある。

　それだけではない。保育を通じて発達するために，保育の内容を改善し，より一層，子ども自

身が学びの主体者として実感しながら遊ぶ必要がある。そうすると，保育のねらいの立て直しと保育内容の練り直しを行い，子どもの実態と響き合わせなければならない。保育は，元来静かなものではなく，今日の子どもの姿から，明日の保育内容を立て直し，子どもにそって展開する動的なものである。

紙飛行機の飛び方を言葉で説明

　K君が，ケント紙を使ってイカ飛行機を作ってほしいと頼む。それを見て，T君もケント紙を使ってイカ飛行機を作る。
T　君　「かった，固い」
　出来上がった紙飛行機を飛ばし，
T　君　「これ，重い」
　ケント紙で折ったものは思うように飛ばなかった。それぞれが今度は折り紙で作り飛ばし始める。
Kさん　「これ，戦闘機みたいにクルクルってなる」
　　　　「最初に飛ばして，こうゆっくり飛んで，最後は早くなってクルクルって飛んだ」
Yさん　「ゆっくり飛ばしたらゆっくりになって，クルクルって飛んだ」
Y　君　「ゆっくり飛ばしたら曲がって早くなって，ヒューってKさんの足に当たった。落ちるときにフワフワーってなった」
T　君　「思いっきり飛ばしたら，まっすぐ行ってから横になった。ならないかも…，さっきは横になったけど。早く，よく飛んだ。電気（照明器具）まで飛んだよ」
K　君　「あまり飛ばなかった」
保育者　「どうしてだろう？」
Kさん　「ちょっと重たいから」
Y　君　「この飛行機（自分の），軽くてめっちゃ飛んだ」
K　君　「手を振っちゃうから飛ばないんだって。まっすぐ，シャーって飛ばさないと」
Hさん　「最初早く飛んでな，ゆっくりになって上に飛んだ」
Mさん　「ちょっとしか飛ばなかった」
H　君　「早く飛んだ」
【考察】
　今まで漠然と「よく飛ぶ」「あんまり飛ばない」と評価していたが，「よく飛ぶ」とは具体的にどういうことなのか，今日は「どう飛んだのか」を自分の言葉で表してもらった。
　その中でも，どうすればよく飛ぶのかをアドバイスし合う姿もみられた。
　それぞれにとっての「よく飛ぶ」と，全員が客観的に評価できる「よく飛ぶ」をどうしたら共有できるのか，話し合ってみたい。

　この事例のように，保育とは，日々の遊びの中で状況が次々と変化する生き物のようである。その姿から，子どもが今まさに伸びようとする方向を見定めて，保育者は子どもとともに保育をつくり出していくことが大切である。それは，さまざまな子どもの発見に寄り添い，自分の感覚を呼び覚ますことであり，保育者自身が子ども時代の自分に出会うことである。すなわち，保育者自身の経験からの学びを参考にしながら，子どもの変化を見抜き，その状況に合わせて柔軟に保育することが求められる。そのためにも，子どもたちの様子を記録し，次の保育の展開を考えなければならない。

(3) 保育の質的向上と多様な視点のために

　保育は，保育者からの一方的な働きかけではなく，子どもも保育者もさまざまに関わり合うことによって変化していく動的な世界であることを理解できるようになると，その楽しさが保育者として，さらなる保育の質の向上を求めるようになる。集団での保育のあり方や一人一人の子ど

もの発達の道筋を理解し，それを糧（かて）として保育内容を充実しようとするのである。それらは子どもと保育者がともに保育の世界を広げ，深めていくことでもある。保育を，保育者が正解を持ち子どもに授けるという保育者中心の考え方ではなく，子どもを多様な視点でとらえ，子どもとともに保育をつくり出すことにより，その後の保育において子どもの世界も広がりや深まりを持つことが可能となる。

「命と食」についての哲学

　8月18日，9月15日に，「生き物が生き物を食べる」ということについて，子どもたちの興味深い言葉が出た。普段，トカゲにエサを与えていることについて，子どもたちの考えを聞いてみる。
　はじめは，その内容について興味を示した少人数（Mさん・Yさん・Aさん）で話し合ってみた。
保育者　「ウーパールーパーやザリガニに赤虫をあげることって，どう思う？」
Mさん　「（食べる方は）幸せだと思うけど，赤虫は食べてほしくないと思う」
Yさん　「でも，じゃないと（食べないと）死んじゃうよ」
Mさん　「食べないと死んじゃう」
Aさん　「ウーパールーパーとかはご飯食べたいけど，赤虫とかはおうちに帰れないし，捕まえられてエサにされたらうれしくない」
Yさん　「でも食べないと死んじゃうよ」
保育者　「赤虫は死んでるけど，トカゲやカマキリは？　生きたままバッタ食べるよな」
Yさん　「バッタは食べられたらかわいそうだけど，トカゲはバッタを食べないと生きられない」
Mさん　「カマキリとかトカゲは生きてるまんま食べるけど，捕まえるのは私たちだよ。（トカゲが）自分で捕まえるんじゃなくて」
保育者　「そういえばそうだ。じゃあ，飼ってないトカゲは？」
Mさん　「自分で捕まえて食べてる。でも，飼ってるのは人間が捕まえて生きてるのを食べちゃうよ」
　エサをあげているのは自分たちだという，「命に対する私たちの責任と主体性」に気付いたMさん。そのことに焦点をしぼって話し合ってみた。
保育者　「Mちゃんが言ったように，捕まえてるのは私たちだね。じゃあ，バッタを捕まえてトカゲにあげる…，私たちはよいことをしているんだろうか？　悪いことをしているんだろうか？」
Aさん　「よいことしてると思う。お世話したらトカゲ喜ぶし，いいと思う」
Mさん　「悪いと思う。だって赤虫は死んでるけど，カマキリやトカゲは生きてるまま食べちゃうし。そういうときはかわいそう。トカちゃんとかは，バクって食べちゃう，大きいバッタだって」
Yさん　「私は悪いと思う。だって，カマキリは捕まえてないとき（飼ってないカマキリは自分で）バッタ捕まえて食べてるよ。でも，飼うときは人間が捕まえて食べてる」
Mさん　「でも，カマキリやトカゲは好きで食べてるのではないと思う。バッタだけじゃなくてクモとか食べてみたいと思ってると思う」

【考察】
　それぞれの考えはあるものの，3人の考えをまとめれば「エサになる側はいやだ。でもエサをあげないと死んじゃうから…」ということであった。
　ところが，その話し合いでこちらが設定していた枠（それは，"食べる側と食べられる側の気持ちを考えてみよう"という，いってみれば外側から傍観的にみてみよう…というもの）を超え，Mさんが「でも，（エサを）捕まえるのは私たちだよ」と，いきなり主体者としての責任に気付き，問題提起をしたのである。
　さて，このようなおもしろい問題提起，他の子の考えも聞いてみたくなった。

　年長組全員に，Mさんの問題提起を振ってみる。
保育者　「Mさんが『虫を捕まえてるのは私たちだ』っていうことを言いました。じゃあ，虫を捕まえて飼っているカマキリやトカゲにあげている私たちは，よいことをしているんだろうか？それとも悪いことをしているんだろうか？」
Sくん　「わからないよー。よいことか悪いことか。よいことはよいけど，悪いことは悪い。トカゲはよいと思うけど，でも，クモとかは嫌だと思って食べられたくない。捕まえられたくない。だけど，よいか悪いかは絶対わからない。トカゲも捕まえられたくないけど，せっかく捕まえたから逃がしたくない。逃がしても結局，野原で生き物を捕まえて食べるよ」

【考察】
　Mさんが今までの枠を超えて問題提起したのに，保育者側としてはまた（議論しやすいようにとの配慮でもあるが）「よいことか・悪いことか」と二者択一の枠を決めて議論を始めた。
　ところが，そこでS君は「そのどちらかということは絶対にわからない！」と，第三の選択肢を自分でつくり出し，みんなに説明した。
　子どもたちは，今までにあるものを結びつけ，それを超えて自分たちで新しい考えを構成する力があるのだ！
　エサとなる生き物を捕まえて，飼っている生き物にあげる。それはよいことをしているのか，悪いことをしているのか？　話は人間の本質にまでおよび…。

Hさん　「もし，よいことしても，人は悪いことするにきまってる。年少のとき，何にもわからないときあったでしょ。そのとき悪いことしてたでしょ。○○君とか」
Mさん　「でも，わからなかったら教えてあげればいい」
【考察】
　話の内容は，「人はもともと悪いことをする」という，荀子の唱える「性悪説」にまで及んだ。反対にいえば，「教えてもらっていろいろなことがわかるようになること」で，人は悪いことをしなくなる…ということを子どもたちは暗に感じ取っているようである。

　保育は，環境を構成しその環境において生活し，遊ぶことによって総合的に行われる。人は自分の身のまわりの環境から働きかけられ，自らその環境に働きかけて生きようとする。その相互的な姿が，発達をしようとしている姿である。ということは，その子どもの生活する環境は，発達にふさわしい環境でなければならず，発達への願いを込めた環境設定は，おのずと家庭での生活環境とは異なるものとなる。家庭がくつろぎの場であるとするならば，保育環境はくつろぎとともに，子どもを学びへといざなう意図的な環境でなければならない。子どもが何をどのように遊ぶことによって発達するのかを考えると，おのずと子どもがどのように発達しようとしているのかを理解しなければならないことになる。また，年齢によってもそれらは異なってくる。このように，子どもの最善の利益にかなうような環境を構成するためには，子ども理解が不可欠なのである。そして，それら全体の流れが，PDCA（p.23, 図3-3参照）そのものなのである。

2．記録の種類

（1）時系列で記録する

　子どものために，保育の質の向上につながる活動記録とはどのようなものだろう。毎日の出来事を，業務日誌として時間を追って書き綴る方法がある。子どもが生活の中で学ぶことを考えると，一日の活動全体を記録する必要があるだろう。一日の中でどのような出来事があったのかを記録することによって，保育全体の傾向を読み取ることもできる。そこでは，子どもが一日の生活や保育によってどのように過ごしていたかについて記録されることもあるだろう。しかし，一般的な記録では，個々の姿というよりも集団が過ごした様子が記録される場合が多く見受けられる。また，時間を追って何時に子どもたちが何をしていたのかを記録するだけでは，次の保育へ生かすことは難しい。求められるのは，その時間の中で，子どもたちが，あるいは一人一人の子どもが，何をどのようにしていたのかを知り，それに対して保育者がどのように応じたのかを知る必要がある。そして，それらがどのような環境において行われていたのかも記録しなければ，

環境によって育つ子どもの姿の全体をとらえることにはならない。そうしなければ、「幼稚園教育要領」などにおいて「指導計画の改善を図るものとする」と明記されていることを実現できない。すなわち、保育において起こったことなどを評価し、改善することによる、質の向上のための積み上げができないのである。

(2) 遊びの内容を記録する

「幼稚園教育要領」などで求められている「主体的・対話的で深い学び」は、表層的な知識習得ではなく、主体的に遊び学ぶことによって育まれる。子どもが遊ぶということは、自由が保障され、自分自身で遊びをコントロールし、その中で遊びの規律を守りながら協同的に学ぶことで成立していくものである。

人は、誰もが異なる存在であるからこそ、発達の道筋は異なっている。そのために、じっくりと一人一人が物事に主体的に関わり、遊べているかどうかをみることが基本となる。しかし、誰もが同じようなものに興味を惹かれることもあり、そこに対話が生まれる。人は、生まれてからさまざまな物事に出会い、それぞれにそれが何であるか考えながら意味付けをして生きている。一人一人が物事に付けてきた意味は、決して同じとは限らない。同じものを見ても、それぞれが育った環境により意味が違っていることが多い。だからこそ、同じものを見ながら対話する必要があり、対話によって、さらに物事の見方や考え方に修正が加えられて、物事の理解が表層的で単純なとらえ方から複雑で深い学びへと導かれる。

これらの学びは、事例にあるとおり、保育計画どおりに進められた先に起こるというものではないことが多い。一人一人に何かをさせて、終わりになるような日々の保育では、主体性も対話も生まれにくい。保育計画に縛られるのではなく、生活の中で自由に遊び、自由に物事を考えている子どもたちの姿を保育として成立させるために、保育者として子どもたちとの対話も重要であり、決して子どもが自由に遊んでいれば育つというものでないことを理解する必要がある。

(3) 集団での活動や個人の姿を記録する

子どもの姿を記録し保育につなげることを考えると、記録は子どもの集団の様子と個別の子どもの姿に絞られる。子どもは集団で育つのだから、集団でどのように順応して遊んだか、あるいはさまざまな場面でがまんすることができるようになったか、などの様子を記録すればよいというものではない。集団全体がどのように育っているのかをみることも必要であるが、集団の中での個別の子どもの姿を追うことに大きな意味がある。一人一人の子どもは、集団の中で生活し、その中で学びながら自分自身を変容させているからである。特に、幼児期の子どもは顕著にその姿をみることができるが、乳児においても同じように他者やものとの関わり合いの中で、影響を与え合いながら発達をしている。0歳児であっても、大人との関わり合いを求め、自分の意思を伝えようとする。その子どもからの働きかけを知ることがまず重要となる。子どもは、自分の身のまわりの環境に働きかけられているが、その相互作用として、自分からも環境に働きかけている。それらを繰り返しながら、自分で物事に意味を与えながら生活しているのである。それは、時に間違っていることもあるが、「私」という存在を確かなものにしながら主体的に生きているのである。そのさまざまな生活における出会いと発見や不思議さ、想像し創造したり、表現した

り，知識を構成したり，スキルを身に付けたり前の学びを応用しながら，自分の中で消化しながら学びの構えを作っている。

「波を作れるか」20XX年8月10日　年長児

（抜粋）
　午前中にプールで波を起こす遊びをしたその日の午後保育の時間，Y君がボウルを使って池で虫探しをしている。ボウルに水をすくってはそれを池に投げ，波ができる。
　帰りの会で，Y君に「あのとき，波ができてたの気付いた？」と聞いてみる。
Y　君　「うん，見てた。外に出たらまたしてみたい」
Aさん　「Aちゃんも牛乳コップに入れて『ふー』ってしたら波ができた。海の波」
　外に出たときに，Y君がいろいろな器を替えながら，波を起こしてみる。
Y　君　「シャーってしたら，波もシャーってなる」
保育者　「波はどこまで行く？」
Y　君　「あそこの草と，あそこの石」
　R君もやってきて，反対側から波を起こし始める。
R　君　「きれいだよ」
　そのとき，他の子が遊んでいたボールが池に落ちる。
　Y君が「よし！」と言って，ボールに向かって波を起こし始める。対岸のR君が，近づいたボールを拾う。
保育者　「なぜボールが向こうに行った？」
Y　君　「波の力」
R　君　「波，いろんな役に立つなー」
　その後，二人でいろいろなものを浮かべ，波を作ったり水をかけたりして動かして遊ぶ。
【考察】
　水中生物探しから始まった「波作り」。使う道具によって波の形が変わるかどうか確かめるように，いろいろな器を使って試していた。
　また，波紋の作る模様の美しさに気付いたり，波の起こす力に気付いたりと，遊びを通して波の魅力を再発見している。
　今日感じたことから，波の美しさ，力強さを表現できればと思う。

　ここで，保育者は，午前中の波を起こす遊びによって，子どもたちの中に波を意識した遊びがみられるようになったことに気付いた。保育とは，単純に計画した内容を実践して終わるだけのものではなく，その保育の結果，子どもの中に起こる変容について注目することが重要である。そして，一人一人の子どもの中で新たな発見や気付きがあり，それらが子どもの情緒や認知などに影響を与えていることを読み取ることが求められるのである。

「富嶽三十六景・波の大きさは？」波プロジェクト　同年10月16日

　波グループを結成。子どもたちが「すごい」という，「富嶽三十六景」の波について研究する。
保育者　「この波の中で，どれが好き？」
T　君　「これ（神奈川沖浪裏）」
Y　君　「ぼくも」
保育者　「どうしてこれが好き？」
T　君　「すごい。船にも水が乗っちゃうと思う」
保育者　「この波って，本当の大きさはどのくらいだろうね？」
Y　君　「30メートル」
保育者　「どうして30メートルって思う？」
Y　君　「1，2，3，…30」と数える。
G　君　「全然違う，数え方」

保育者 「どうして違う？」
Y 君 「数えてやるんじゃなくて，メートルっていうのは，どのくらいの幅かってことでしょ」
　そういって，親指と人さし指で間を固定し波の上をなぞっていく（**図7-2-①**）。
Y 君 「1，2，3，…9，9メートルだ」
保育者 「9メートルとか，30メートルって，どのくらいかわかる？」
Y 君 「このくらい？」と手を広げてみる。
保育者 「そうだね…」木切れを探してメジャーで測る。
　　　　「これがちょうど1メートル。30メートルだったら，これが30個ぶんだ」
　子どもたちは「30個ないといけない」と，素材置き場からいろいろな木を持ってくる。比べてみるが，どれも1メートルに満たない。保育者が1本の板で9回分の長さをしてみるが，納得のいかない様子。
　遊戯室に入って，プロジェクターで「富嶽三十六景」を写してみる（**図7-2-②**）。描かれている人と，自分たちを比べてみるが，まだ小さいようだ。
保育者 「もうこれ以上大きくできない。本当の波の大きさって，どうやったらわかるかな？」
T 君 「これ，嵐の波みたいだな。嵐のところに行ってみればいい」
保育者 「嵐の海には危険だから，行っちゃいけないね」
Aさん 「（船に乗っている人が）ちっちゃすぎる」
T 君 「波は大きいけど，人はちっちゃい」
保育者 「そうだね，僕たちと比べてどのくらいちっちゃいかな」
　T君が，かぶっていた帽子のボンボンを比べてみる。
Y 君 「同じくらい」
保育者 「じゃあ，Y君とこのボンボン比べてみて…」「どう？」
子どもたち 「ちいさい」
保育者 「じゃあ，2個では？」
子どもたち 「Y君の方が大きい」
保育者 「じゃあ，3個では？」
子どもたち 「いっしょ！」
　描いてある頭が，子どもたちと同じになるくらい，画像を拡大してみる。絵が入りきらない。
子どもたち 「うあー，波が来るー！」
【考察】
　子どもたちも「すごい波」と言う「富嶽三十六景（神奈川沖浪裏）」に絞っていろいろ楽しんでみようと，まずは大きさを検証してみた。手がかりは，描かれている人物たちであるが，その尺度を実際の自分たちに置き換えるのは，難しそうである。大きさの比較をいろいろとしてみようと検証中だ。

①波の高さを指で測る　　　　②プロジェクターで大きさを確認

図7-2　「富嶽三十六景」（神奈川沖浪裏）の波の大きさの検証　その1

　ここでは，子どもと共に，どのようにこの難問を解決するのか，保育者も子どもと試行錯誤しようとしている姿が現れている。大人としての今までの経験からの学びを発揮し，子どもの興味

や関心を失わせることなく，ともに考える生活を楽しむ保育者のいきいきとした姿が想像される。この日の出来事をきっかけとして園内でこの難問を解決するための検討が行われた。

波プロジェクト　同年10月22日

（抜粋）
　波の高さについて検証する。
保育者「この前，向こうの建物の前で撮った写真，どれが絵の中の人と同じ大きさ？」
子どもたち「これ」（図7-3-①）
保育者「それで，T君が持ってる板が，これと同じ1メートルだけど，これでわかるかな？」
　写真を動かしながら数える
Y君「17メートルかな？」
　写真のままでは板の長さがわかりにくいようなので，写真の板と同じ長さに竹ひごを切る。
保育者「これの方が数えやすい？」
I君　波の動きに沿って数えながら「22メートル半くらい」
保育者「高さを数えるときは，真っすぐ測るから…」
　定規を当てて，その横に竹ひごを当ててずらしながら，数えていく。
　ずらす前の竹ひごの場所がわからなくなり，正確に測れない。
Y君「（竹ひごの端を）絵に描いていったら？」
　絵の上に竹ひごのしるしを付けながら，数えていく。
I君「12メートル半，12メートル85センチ。大体13メートル」
　その後，船の長さも図る。
I君「船は9メートル半」
　今度は廊下に1メートルの定規を置いていき，実際の12メートル85センチを測ってみる（図7-3-②）。
　測った長さを体感しようとしたのか，R君が「どのくらいの長さ」と寝転がる。
　次々に子どもたちが連なっていき，12人でちょうど同じ長さになる。
保育者「この長さが，ぐわーって上からくるんだよ」
子どもたち「えー！」

【考察】
　絵の中の人物を手がかりにして，波の高さを割り出す。子どもたちにとっては，抽象的で難しい課題だったと思われるが，保育者と一緒にしていることがどういうことか腑に落ちたようである。波だけではなく，保育者が見ていない間に船の長さも同じ方法で測っていた。
　そして，抽象的に割り出した長さを，実際の自分たちの生活にもう一度還元している。自分たちの体を使って具体的にその長さを感じて初めて，「えー！」と，驚くほどの波の高さに気付いたようである。横と縦と，長さ高さの感覚は違ってくるであろう。

①絵の人物の大きさを手がかりにして波の高さを測る

②定規をあてて波の高さを測る

図7-3　「富嶽三十六景」（神奈川沖浪裏）の波の大きさの検証　その2

以上の事例は，「プロジェクト保育」による保育の進め方であるが，波という抽象的ではあるが，子どもたちにとっては夏の水遊びにはなじみのあるものを対象として，保育が展開されている。波について，それぞれの子どもが自分の今までの経験から学んだ感覚や事実を共有し，さらに波を意識した生活を送ることにより，それぞれの学びを一層深めている。波を通じて日本の浮世絵という芸術文化に接し，その圧倒的な波の表現描写にふれてあこがれを持ち，それを波の具体的な高さにさらに焦点を絞って科学的な思考を育んでいる。しかし，それは単なる大人が測って教えた知識ではなく，子どもたちと保育者の試行錯誤の中で行われた実践である。

　個々の中で，一人一人の発言がていねいに記述されているのは，子どもたちのあるいは保育者の微妙な発言の中に，その子ども特有の発見や学びの姿がみえる可能性を考えてのことである。このように，一人一人の発言や触発し合いながら真実に迫ろうとする姿を読み込むことにより，それぞれの子どもが主体的でありながら協同的な学びを行っているさまを，記録によって理解することができる。そこでの発言や行為は，そのまま個人的な発達の記録として，評価することでもある。

　これらの事例のように，子どもの発言やその場の状況など詳細をそのままありのままに記録すると，細かな一人一人の姿のニュアンスまで伝わってきて，誰が読んでも生き生きとした子どもの姿が浮かんでくる。また後日，新鮮な気持ちで読み返してみると，当日とは異なる子どもの様子を発見することもある。その日の出来事をすべて記録するのは困難であるが，保育者自身が重要だと感じた場面を集中的に記録することはとても重要なことである。

3．評価について

(1) 評価するとは

　そもそも，評価とは何だろう。多くの人が，評価されることを避けたがるものである。それはなぜだろうか。評価が，いつも自分にできていないことや欠点などを暴き出し，点数づけされる評定の印象があるからではないだろうか。

　保育に携わるようになり，子どもとの生活を楽しみ，遊びの世界を広げ深めていくと，しだいと，どのように保育するのかという方法の他に，何のために保育するのだろうという根本的な課題に向き合うこととなる。一般的に，物事の質が高まるためには，起こったことなどをしっかりと振り返ってみる必要がある。自分自身でなぜ，そのようにしたのか，あるいはそのようになったのかを振り返り，それが一体どのような意味であったのかについて評価することなしには，保育の改善へと向かうことができない。

(2) 保育の質向上のための評価

　評価とはいっても，子どもを通じた保育評価なのか，子どもの発達の姿を評価するのかが異なれば，かなり評価の意味が異なってくる。省察という子どもの姿を通じた保育の質の向上は，日々の記録を基に行うのであるが，保育の質とは何かを明らかにし，その方向に従って評価されなければならない。現在の「幼稚園教育要領」「保育所保育指針」「幼保連携型認定こども園教

育・保育要領」における保育は，5領域に従って保育を行うことが求められているのであるから，領域に沿ったねらいが達成されたかどうか考察することで，評価が可能である。あるいは，生涯にわたって重要な育ちとしての方向性を示している「幼児期の終わりまでに育ってほしい姿」（10の姿）を参考としながら評価することも可能である。要するに，省察による保育の質向上のための取り組みとしての評価は，自分があるいは園全体が保育の中で大切にしている視点が問われるのである。

これらの評価には，保育事前評価と保育中評価，そして保育事後評価が考えられる。保育事前評価とは，保育を始める前に，今から行う保育が保育理念や保育目標，あるいは保育方法や環境整備などを含めた保育環境で，保育を実施してよいかどうかをチェックする方法である。

保育中の評価は，子どもの発達は保育中の遊びの中にあることから，一人一人の子どもの遊びに入り込める心の安定度と遊びへの夢中度をそれぞれ5段階で評定する。そして，それぞれの状態の原因を遊びの環境設定，集団の雰囲気，主体性の発揮，保育活動の運営，家庭を含めた大人との関わり方などについて分析し，保育の改善につなげるものであり，日本版SICS[*1]として利用が可能である。

保育事後評価は，それぞれの子どもが何を知っていて何を知らないか，あるいは何ができて何ができないのかなどを，発達診断として行うものである。現在の保育ではこのような考え方が非常に多くみられるが，できないことをできるようにすることばかりに力を注ぐよりも，子ども自身がやりたいと思っていることや興味や関心を持っていることから保育を行えば，自然とできないところもカバーされるようになる。そのことを理解していれば，事後評価を気にする必要は薄れるであろう。一般的に，子どもはどのような発達をするのかについて，客観的に知っておくことは必要だが，遊びによって一人一人異なる学びをして発達する子どもにふさわしいといえない。事後の評価ばかりを気にかける保育は，子ども自身に余計な圧力となる場合があることに注意しなければならない。

▌（3）子どもの発達の姿を評価する

評価にも，子どもの発達する姿そのものを評価する考え方がある。この場合にももちろん，評価の視点が必要となる。それは，「幼児期の終わりまでに育ってほしい子どもの姿」（10の姿）でもよいし，生涯にわたって必要となる能力を明確にし，それらの能力がみられたときそれを子どもの発達としてとらえて記録していくのである。

近年，ニュージーランドでは，「子どもは有能な学び手」という子ども観に基づき，「一人ひとりの学びの物語」という語りによる評価で，保育者だけではなく子ども自身や親にも開かれた評

[*1] 日本版SICSは，ベルギーのリューベン大学のフェール・ラーバーズ（Ferre Laevers）教授が開発され，OECD諸国で広く使用されているSICS（Well-being and involvement in care process-oriented Self-evaluation Instrument for Care Settings）に着想を得て，日本の保育状況に合わせて作成されたもの。子どもが遊んでいる姿を心の安定度と遊びへの夢中度の2つの視点で評定し，遊びの質が高まるための方策を保育の豊かな環境，集団の雰囲気，主体性の発揮，保育活動の運営，大人の関わり方の5つの観点で保育を振り返り，振り返りを基に明日からの保育を具体的に考えて改善する。参考文献として，下記があげられる。
保育研修用DVD付ブックレット『子どもの経験から振り返る保育プロセス　明日のより良い保育のために』販売問い合わせ先「幼児教育映像制作委員会」TEL 050-3356-1541　FAX 047-384-8611　E-mail：info@yescom.sakura.ne.jp

価を行っている。それら子どもの発達の物語（ラーニング・ストーリー）を綴った，「ポートフォリオ」という発達記録が注目されている。

　ポートフォリオは，もともと自分が携わった事業や作品を記録として綴った記録集であるが，保育においては，子どもが発言した内容，表現した成果物，子どもがみせた発達の姿などをていねいに記録し，共有するのである。

(4) 自己評価

　近年，保育は，自己評価についてその重要性が取りざたされている。保育者としての自己評価は，とても重要であるが難しい。自己評価をする目的は，もちろん保育者としての質の向上にあるが，自分自身を振り返り評価する際には，できないところばかりを注目する傾向が強い。しかし，できていない弱点だけでなく，できている強みについても評価が必要である。それら両面について客観性を持ちながら評価することによって，第三者的な立場で自分の保育についての姿勢を問うことができる。絵画・造形については得意だが音遊びについては苦手であるとか，子どもとの対話は好きだが保護者との対話は苦手であるなど，保育者一人の中でもさまざまな姿が浮かび上がることだろう。それらを一つ一つ鮮明にしていき，自己の課題を見つけたり，長所を伸ばしたりすることを繰り返し，保育者として成長するのである。

20XX年5月15日　M子について

　M子は，友だちのものを頻繁に隠したり，盗ったりする行動が目立った。臨床心理士とカンファレンスを行った結果，そのような行動は，家庭の中などで親が自分に目を向けてくれていないことが原因ではないかということが話し合われた。
　その結果，家庭への働きかけはもちろんであるが，園内でも保育者全員がM子に対して監視ではなく，温かな眼差しを向け，心配しなくても誰もがみんなあなたのことを気にかけているからねというサインを送ることにした。ほどなく勘のよいM子は，自分へ向けられた視線に気付き，ものを盗る行為はなくなった。

　この事例は，一見自己評価とは無関係のようにみえるが，保育者である自分が今までM子に対して向けていた眼差しの内容が問われたのである。そうしてみると，評価は子どもを評価しているようにみえるが，保育者自身の子どもに対する対応のすべてを評価したのであり，評価の結果自らが変容することによって，子どもが変容したのである。

　子どもに対する評価や保育に対する評価，そして自己評価は客観性を必要とされるが，機械的に行うものではなく，子どもと向き合い，保育者たる自分自身が変わる覚悟を要求されるのである。

【演習問題】
① 本章を学んで，気付いたことを3つあげてみよう。
② もっと知りたいと思った用語について話し合ってみよう。

第8章 インクルーシブ保育

1. インクルーシブ保育とは

　インクルーシブ（inclusive）とはインクルージョン（inclusion）の形容詞であり，インクルージョンとは，わが国においては，「包摂」「包含」と訳されることが多い。日本政府は訳語として「包容」という語を用いている。この中で「包含」が保育・教育で用いられる訳語として，最も原義に近いと考える。エクスクルージョン（exclusion）は，対義語であり，「排除する」という意味である。インクルージョンはその反対の意味となるから「排除しない」ということもできる。つまりインクルーシブ保育とは，誰も排除されない保育ともいえる。

　そもそもインクルージョンとは，1994年にスペインのサラマンカでUNESCO（国連教育科学文化機関）が開催した「特別ニーズ教育に関する世界大会」（World Conference on Special Needs Education : Access and Quality）において採択された「サラマンカ宣言および行動の枠組み」（The Salamanca Statement and Framework for Action on Special Needs Education）において，「個人差もしくは個別の困難さがあろうと，すべての子どもたちを含めることを可能にするような教育システムに改善すること」に発している。誰もが排除されない，すべての子どもが包含される教育という考え方のことである。

　2013（平成25）年にわが国においても批准された国連の「障害者の権利に関する条約」（Convention on the Rights of Persons with Disabilities；以下，「障害者権利条約」）第24条「教育」によれば，インクルーシブ教育とは「障害のある者と障害のない者が共に学ぶ仕組みであり，障害のある者が，教育制度一般から排除されないこと，自己の生活する地域において初等中等教育の機会が与えられること，個人に必要な『合理的配慮』が提供されること」とされている。

　よく似た言葉に，インテグレーション（integration）がある。保育では，「統合保育」と訳されることが多い。インテグレーションも確かに障害のある子どもと障害のない子どもが共に学ぶ仕組みであるが，障害のない子どもの学級に，障害のある子どもが入っていってそこへ適応することで共に学ぶというニュアンスが感じられる。これに対して，インクルージョンといったときには，障害のある子どもを学級にいる子どもたちと大人が包み込み，周囲の子どもと大人が共に，環境も含めて，障害のある子どもに合うように変わっていくという意味が込められている。つまり障害のある子どもだけが現実の社会に適応できるように迫っていくのではなく，周りの障害のない人が共に学びながら，変容していくように迫る考え方といえる。「包含」がインクルージョンの原義に近いと考えるのは，こういう意味が込められているからである（図8-1）。

　ところで，「障害のある子どもと障害のない子どもが，できるだけ同じ場で共に学ぶことを目指すべき」なのだが，単に同じ時間と同じ場所を，障害のある子どもと障害のない子どもが共有することがインクルージョンであるといってよいのだろうか。2012（平成24）年に公表された中

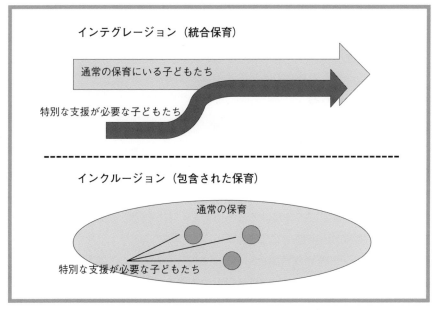

図8-1 インテグレーションとインクルージョン

(筆者作成)

央教育審議会初等中等教育分科会による「共生社会の形成に向けたインクルーシブ教育システム構築のための特別支援教育の推進（報告）」（以下，「報告」）では，「それぞれの子どもが，授業内容が分かり学習活動に参加している実感・達成感を持ちながら，充実した時間を過ごしつつ，生きる力を身に付けていけるかどうか，これが最も本質的な視点」であると述べている。つまり，同じ場所で一緒にいればよいというわけではない。障害のある子どもが，同じ時間に同じ場所にいて，そこでの教育活動に自分も参加しているのだという気持ちを持ち，さらに成長しているという実感を持てるように，周囲が環境整備を行っていく必要がある。

そのために必要なことが「合理的配慮」と呼ばれるものである。

2. 保育における「合理的配慮」とは

「合理的配慮」とは，「障害者権利条約」の第2条において「障害のある人が他の人との平等を基礎として全ての人権及び基本的自由を享有し，又は行使することを確保するための必要かつ適当な変更及び調整であって，特定の場合において必要とされるものであり，かつ，均衡を失した又は過度の負担を課さないものをいう」とされている。これを教育・保育の分野で考えるとどうなるのであろうか。例えば，前述の「報告」では，障害者権利条約の定義に照らし，教育における「合理的配慮」を，「障害のある子どもが，他の子どもと平等に「教育を受ける権利」を享有・行使することを確保するために，学校の設置者及び学校が必要かつ適当な変更・調整を行うことであり，障害のある子どもに対し，その状況に応じて，学校教育を受ける場合に個別に必要とされるもの」であり，「学校の設置者及び学校に対して，体制面，財政面において，均衡を失した又は過度の負担を課さないもの」と定義している。よって，保育で考えると「障害のある子どもが，他の子どもと平等に活動や遊びに参加できるように，保育者が，個別に必要かつ適当と考え

る変更・調整を，活動や環境に対して行うこと」となる。ここで留意すべきことは，「平等」の意味である。活動や遊びに同じように参加できることが目的となるのではなく，障害のある子ども自身が活動や遊びに参加している実感を持ち，充実した時間を過ごしていると感じていることが目的であり，そのことがこの場合の「平等」の意味である。

事例1：保育室に入れないK君

> 担任保育者が「おはよう」の歌をピアノで弾き始めました。年長組の子どもたち全員が保育室の中央に集まって，一斉に歌い始めます。にぎやかで大勢の人がいる場所が苦手なK君は，「おはよう」の歌が始まると，保育室の外の廊下に出て行ってしまいます。担任保育者は，最初はなんとか参加させたいと考えて，クラスの子どもたちに「保育室の中に入ろう」と誘わせたり，主任保育者に声をかけてもらったりしましたが，朝の集まりの間は，決して保育室に入ってこようとしませんでした。
>
> ところが，ある日，K君が保育室とは反対の外を見ながら，とても小さな声で「おはよう」の歌を歌っていることに，主任保育者が気付きました。主任保育者の報告を受けて，担任保育者はK君はK君のやり方で朝の集まりに参加しているのだと気が付いたのです。そう思えたら，実はK君は外ばかりを見ているのではなく，チラチラと保育室の中の子どもたちの動きに視線を送っていることにも気付けるようになりました。

事例1にあるように，K君は保育室の中でクラスの他の子どもたちと同じように活動しているわけではない。しかし，担任保育者のK君に対する気付きが，担任保育者自身のK君に対する見方を変え，保育室の中に他の子どもたちと共にいることだけが「朝の集まり」に参加することではないのだという意識の変容をもたらしたといえる。そして，その意識の変容によって，廊下にいても，実は保育室の中にいる他の子どもたちが気になっているK君の気持ちに気付けるようになっていったといえる。

気になっているのであれば，その気持ちに応えてあげることで，次の配慮を考えることができる。一緒にいるために何か物理的な境界があれば，K君も安心できるのかもしれない。保育室の中に，段ボールを使って囲みをつくり，「朝の集まり」のためのK君専用スペースを仕切ってあげると，そこで過ごすことができるようになるかもしれない。仕切ってあっても，そこは保育室の中である。K君の苦手を認めた上で，他の子どもたちが気になるというK君の気持ちに応えることになるのかもしれない。K君専用スペースで「朝の集まり」に保育室の"中で"参加できるようになっていったら，徐々に囲みの高さを低くしてあげてもよいかもしれない。いつかは囲みも必要なくなるかもしれないし，あってもそこで過ごす時間が短くなるかもしれない。これこそがK君に個別に提供される変更・調整であり，「合理的配慮」である。このように考えていくと，保育における「合理的配慮」の提供で前提となることは，障害のある子ども自身が，他の子どもと「平等」に活動や遊びに参加するという権利をどのような形で実現したいと考えているかを把握することであり，よって，K君ならK君だけに提供される個別的なものであるということである（図8-2）。

ここで気付かれた読者もいるかもしれないが，もともと保育は個別的な子どもの理解から始まるものである。例えば，2017（平成29）年改定「保育所保育指針」では，「第1章 総則 1 保育

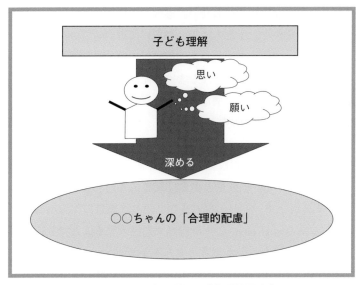

図8-2 子ども理解と「合理的配慮」

（筆者作成）

所保育に関する基本原則 (3)保育の方法」において「ア 一人一人の子どもの状況や家庭及び地域社会での生活の実態を把握するとともに，子どもが安心感と信頼感をもって活動できるよう，子どもの主体としての思いや願いを受け止めること」や「ウ 子どもの発達について理解し，一人一人の発達過程に応じて保育すること。その際，子どもの個人差に十分配慮すること」などのように，「一人一人」，「思いや願い」「個人差」と示されている。これらからわかるように，「合理的配慮」は確かに「平等」を願う子どもの権利行使を起点として提供されるものであるが，通常の保育においても個別の子ども理解とそれに基づく配慮はされないといけないものなのである。インクルーシブな保育を実現しようとすることは，通常の保育においても，子どもの思いや願いが本当の意味で大切にされているかを検証することにつながるのである。

3．インクルーシブ保育における子ども理解

（1）行動観察と継続的な記録による理解

では，どのようにして子ども理解を図ればよいのだろうか。事例1で，担任保育者がK君の思いに近づくことができたのは，主任保育者が「保育室とは反対の外を見ながら，とても小さな声で『おはよう』の歌を歌っていること」に気付いたのがきっかけであった。また，さらに担任保育者も「外ばかりを見ているのではなく，チラチラと保育室の中の子どもたちの動きに視線を送っていること」に気付いたからであった。これはK君の行動や発言をしっかりと観察していたからできたことである。つまり，子ども理解の基本は行動観察であるといえる。それも，ただ観察しただけで終わってはいけない。必ず記録に書くことで初めて子ども理解につながる行動観察となる。日々忙しい中で，詳細な記録を残すことは難しいかもしれないが，他の保育者と共有したり，次の保育に生かしたりしていくためには記録をとることが欠かせない。また，記録は続けて

いくことが大切である。簡潔な記録で構わない。継続して積み上げていくことで，実際に目の前であった具体的な子どもの姿から，子どもの思いや願いに近づいていけるからである。

そこで，提案したいのは，記録を書く視点を明確にしておくことである。すべてを網羅して書こうとすると，記録を書くことが目的化してしまう。記録は保育に生かすためにあることを念頭において，必要最小限の視点を定めて，簡潔に記入できるような記録様式にしておくことが大切なことである。**表8-1**に，ある保育所の記録様式を示しておく。この記録様式のポイントは，「行動・発言の記録」の5つの視点のうち，必要な視点のみ記録することになっていることと，もう一つ，「反省・考察」の欄が設けられていることである。事実としての「行動・発言の記録」と，それを基に保育者が考えたことを記入する「反省・考察」の欄が分けて設けられている。「反省・考察」の欄があることで，一日の保育を振り返り，翌日の保育の具体的な改善点について思いを馳せるようになる。一日1回，この記録様式に記入することで，1年間に何回振り返り，具体的な改善点を考えることになるのかを考えてみるとよい。

また，集団で活動や遊びを行うときに，問題のある行動を起こす子どもがいる場合については，記録のとり方を，工夫してみるとよいだろう（**表8-2**）。ある子どもがある特定の問題のある行動を起こす場合に，その行動の状況を，Bとして真ん中に記入する。そして，その特定の問題のある行動を起こす前の状況を思い起こして，Aとしてその上の欄に記入する。次に，その特定の問題のある行動が起こった結果，その子どもや周りにいる子どもたち，保育者はどのようになったのかの状況を，Cとして下の欄に記入する。これを同じ特定の行動Bが行われたときに，継続して記録しておく。いくつか記録が集まった時点で，記録用紙を横に並べてみる。すると，Aの欄に共通した状況があるかもしれない。もし，あったとすれば，それがBの欄に記入されている問題のある行動が起こるきっかけとなっていると考えられる。また，Cの欄に共通する状況があった場合，もしかすると，その状況を求めて，その子どもはその行動を起こしているのかもし

表8-1　行動観察の記録様式

行動観察の記録	
年　月　日（　）	
児童氏名	担当保育者名
行動・発言の記録	反省・考察
〈食事〉〈排泄〉〈着脱〉〈睡眠〉〈言葉〉〈遊び〉	

（筆者作成）

表8-2 問題のある行動の記録様式

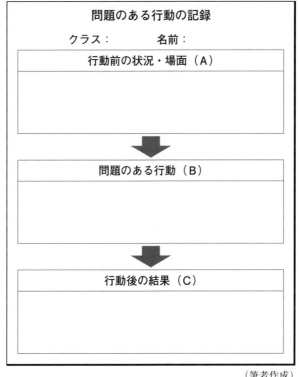

（筆者作成）

れないと推測できる。そうなると，Aの欄に記入されている状況になると，Bの欄に記入されているある特定の問題のある行動を起こすことが予想できるので，Aの欄に記入されている状況にならないようにするとか，問題のある行動への備えをするなどの対応ができるであろう。Cの欄に記入されていることを求めているのだったら，それを止めてしまうと，自分の求めた状況にならないのだから，Bの欄の問題のある行動を起こすのを無駄だと判断して止めるようになるかもしれない。

このような記録様式から，問題のある行動の要因や結果を推測し，特定の問題のある行動の予防をしたり，問題のある行動そのものをなくしたり，その場での適切な行動に置き換えたりすることを，ABC分析という。

事例2：保育室を走り回ってしまうNちゃん

　年中組の女の子のNちゃんは，時々，クラスのみんなが保育者の話を聞いているときに，大きな声を出して，保育室内を走り回ることがあります。そこで，担任保育者はABC分析の記録をとってみることにしました。3枚目の記録をとった日に，その3枚を横に並べて比べてみました。すると，Aの欄にも，Cの欄にも共通することを発見しました。Aの欄に共通していたことは，Nちゃん以外のクラスの子どもたちがみんな静かになって保育者の話が始まった直後であったことです。次に，Cの欄に共通していたことは，保育室内が大騒ぎになって，Nちゃんの行動を止めようと，私や支援の先生など大人が，Nちゃんを追いかけて座らせよう，静かにさせようとしていたことでした。

さて，どうしてNちゃんは大声を出して保育室を走り回るのであろうか。あなたであれば，ABC分析からNちゃんが何を求めていると推測するだろうか。そして，できればNちゃんのこの問題のある行動を止めさせたい。Nちゃんの思いや願いを大切にしながら，どのようにすればこの行動を止めさせることができるのであろうか。表8-3に例を示した。ぜひ，考えてみてほしい。

表8-3　問題のある行動の記録（事例2の場合）

```
問題のある行動の記録

       クラス：年中組　名前：Nちゃん
┌─────────────────────────────────┐
│          行動前の状況・場面（A）          │
├─────────────────────────────────┤
│・クラスのみんながフロアに座って保育者のお話を │
│  静かに聞いていた。                      │
│                                 │
│                                 │
└─────────────────────────────────┘
                 ↓
┌─────────────────────────────────┐
│           問題のある行動（B）            │
├─────────────────────────────────┤
│・保育者が話し始めて，しばらくしてから，Nちゃ │
│  んが突然大きな声を出した。              │
│・次に，Nちゃんは，立ち上がって，保育室内を走 │
│  り回った。                            │
└─────────────────────────────────┘
                 ↓
┌─────────────────────────────────┐
│            行動後の結果（C）            │
├─────────────────────────────────┤
│・支援の先生がNちゃんを追いかけて，手をつない │
│  だ。                                 │
│・支援の先生が「どうしたの」と優しい声で話しか │
│  けたら，落ち着いて，その場に座った。     │
└─────────────────────────────────┘
```

（筆者作成）

（2）標準化されたチェックリストを用いての理解

　行動観察に基づいた継続的な記録を用いることで，個別の子ども理解が深まることは理解できたかと思う。しかし，子どもの行動のすべてを把握できるわけではない。また，行動そのものを見逃してしまうことがあるかもしれない。さらに，どうしても担任保育者等の主観的な目で見てしまいがちである。そこで，行動観察だけでなく，乳幼児の実態を把握するためのチェックリストを併用することで，客観的な子ども理解を深めることができる。近年は，担任保育者が，園での普段の子どもの様子からチェックして個々の子どもの実態やクラス全体の実態を把握できる方法が多く開発されている。特に次の2つのチェックリスト様式の実態把握のための検査は，200名から2,000名近い子どもたちに実際に検査を行い，平均値，標準偏差やカットオフ値などを算出して，それと比較できる「標準化」と呼ばれる手続きを踏んだものであり，信頼性と妥当性が統計学的に認められているチェックリストである。

① **乳幼児社会的認知発達チェックリスト—社会性のめばえと適応—**
・Checklist for Development of Early Social Cognition；DESCチェックリスト
・適用年齢；0歳6か月～3歳5か月
・著者；森永良子・柿沼美紀・紺野通子・黛　雅子・中石康江・五十嵐一枝
・出版社；文教資料協会　出版年；2011年

　このチェックリストは，乳幼児教育の現場で活用することができるスクリーニングテストであるが，個別の社会性の発達の実態も十分に把握でき，実際の保育に生かすことができる。6か月，12か月，18か月，24か月，30か月，36か月ごとに通過項目が設定してあり，チェック項目数は24か月までであれば6項目，30か月，36か月までであれば12項目となっており，そこまで多くはない。結果は，各月齢ごとに「通過」「要経過観察」「要相談」の3段階の判定ができるようになっている。

② **保育者のための幼児用発達障害チェックリスト**
・Checklist for Developmental Disabilities in Young Children；CHEDY（チェディー）
・適用年齢；4歳～6歳
・著者；尾崎康子・小林　真・阿部美穂子・芝田征司・齋藤正典
・出版社；文教資料協会　出版年；2014年

　このチェックリストも，DESCチェックリストと同様に，保育者が評価することによって実際の保育に活用することができるチェックリストである。幼児教育の現場では発達が気になる子どもが増えている実態があるが，それに対応できるように開発された。自閉症スペクトラム障害や注意欠如・多動性障害の可能性の有無を測定できる尺度から構成されていて，その両方をチェックすることができるようになっており，また行動特性プロフィールを作成することによって個別の子どもの行動特性が5つの尺度の棒グラフで把握することができるようになっている。

　これらの標準化されたチェックリストを行動観察による記録とともに用いることで，より一層の子ども理解につながるといえる。ただ，チェックリストの結果は，子どもの一つの側面を一定の数値によって示したものにすぎないことに留意する必要がある。この結果一つで，子どもやクラスのすべてが理解できたかのように考えてはならない。あくまでも多面的な実態把握の一つとして補足的に用いることが大切である。

4．個別の指導計画の作成

　子ども理解を図り，子どもの思いや願いに迫っていったなら，次は実際の保育の中でどのように指導・支援を行えばよいのだろうかということになる。「合理的配慮」は個別的に提供されるものであるが，一方で，保育は通常，数十名の集団で行われる。子どもの集団に対して指導・支援を行いつつ，個別的に指導・支援を行うという，一見矛盾しているようにみえることをどのように行えばよいのだろうか。

　障害のある子どもの保育について，2017（平成29）年改定「保育所保育指針」には，「第1章　総則　3　保育の計画及び評価　(2)指導計画の作成」において「キ　障害のある子どもの保育

については，一人一人の子どもの発達過程や障害の状態を把握し，適切な環境の下で，障害のある子どもが他の子どもとの生活を通して共に成長できるよう，指導計画の中に位置付けること。また，子どもの状況に応じた保育を実施する観点から，家庭や関係機関と連携した支援のための計画を個別に作成するなど適切な対応を図ること」と示されている。このように，K君ならK君の，NちゃんならNちゃんの個別の指導計画を作成して，クラス全体の指導計画の中に位置付けることによって指導・支援を行うことが求められているのである。

表8-4は，表8-1（p.88）の記録様式を用いている保育所の個別の指導計画の様式である。また表8-5は，その記入例である。この保育所では「個別の月案」と呼んでおり，月に1回，担任保育者が作成して，外部専門家を含めたケース会議で助言を得ている。記入項目は「先月の子どもの様子」「反省・考察」「今月のねらい」「配慮・留意点」となっている。行動観察に基づいた記録を継続的にとっていれば，「先月の子どもの様子」と「反省・考察」は，個別の指導計画作成の直前の記録を転記すればよい。そして，その「反省・考察」から，「今月のねらい」が必要な視点のみ作成される。そして「今月のねらい」を達成するために普段の保育の中で必要な配慮事項や留意点を「配慮・留意点」に記入すればよい。

表8-4 個別の指導計画様式

年　　月　個別の月案	組	園長	主任	担当保育者名	
児童氏名		生年月日		年（月）齢	
先月の子どもの様子		反省・考察	今月のねらい	配慮・留意点
〈食事〉		〈食事〉	〈食事〉	〈食事〉
〈排泄〉		〈排泄〉	〈排泄〉	〈排泄〉
〈着脱〉		〈着脱〉	〈着脱〉	〈着脱〉
〈睡眠〉		〈睡眠〉	〈睡眠〉	〈睡眠〉
〈言葉〉		〈言葉〉	〈言葉〉	〈言葉〉
〈遊び〉		〈遊び〉	〈遊び〉	〈遊び〉
〈特記事項〉				

（筆者作成）

また，日案では，全体の活動計画と並列させて「○○ちゃんの個別の指導計画」の欄を設け，全体の中で，個別に配慮した指導・支援を行えるようにする。年長組21名に対するある日の設定保育の**事例3**とその活動案を**表8-6**に示す。

4．個別の指導計画の作成

表8-5 個別の指導計画

20XX年 6月 個別の月案		××組	園長	主任	担当保育者名 ■■ ■■	
児童氏名	Rくん	生年月日	平成●●年9月25日		年（月）齢	3歳11か月

先月の子どもの様子	反省・考察	今月のねらい	配慮・留意点
〈食事〉 ・保育者が声をかけないとご飯だけ先に食べてしまい、おかずだけが残ってしまうことがほとんど毎日であった。	〈食事〉 ・苦手なものは小さく切ったり、ご飯と一緒に食べるように促す必要がある。	〈食事〉 ・苦手なものを保育者に促されて食べることができる。	〈食事〉 ・苦手なものは小さく切ったり、ご飯と一緒に食べたり、少し量を減らしたりする。
〈排泄〉 ・尿意を保育者に知らせたりすることも時々みられたが、ほとんど促されていくことが多かった。	〈排泄〉 ・促す回数を減らし、様子をみる必要がある。	〈排泄〉 ・保育者に尿意を知らせることができる。	〈排泄〉 ・尿意を知らせてくれたときにはその姿を十分にほめる。
〈着脱〉 ・帽子や靴は自分で被ったり、履いたりすることができている。	〈着脱〉 ・衣類の着脱は促されるとできるため、声かけの必要がある。	〈着脱〉 ・保育者に促されて、自分から衣服の着脱をすることができる。	〈着脱〉 ・汗をかいたり、衣服が汚れたりしたときなどに、着替えるように言葉がけをし、促していくようにする。
〈睡眠〉 ・寝付くのが遅く、一睡もしないことがほとんどであったが、後半に眠気がくるため、結果少ししか寝られず、起きにぐずることが多かった。	〈睡眠〉 ・十分な活動量が足りていないのかもしれない。	〈睡眠〉 ・しっかり体を動かして遊び、寝付きを早くすることができる。	〈睡眠〉 ・十分な活動量が確保できているかを観察しておく。
〈言葉〉 ・二語文のやり取りはできる。三語文など少し複雑になると理解が難しいようでオウム返しになることが多かった。	〈言葉〉 ・声かけ等は二語文で行うとともに、行動を言語化する必要がある。	〈言葉〉 ・保育者からの声かけを理解して行動することができる。	〈言葉〉 ・声かけは二語文で行う。 ・行動の言語化を行う。
〈遊び〉 ・室内遊びでは車や電車の玩具が好きなようで、一列に並べて遊んだりしていた。 ・戸外遊びでは手押し車やボールなどの遊具で遊ぶことが多かったが、最近では砂場横にある木に登ることが好きで、ずいぶんと上の方まで登ることができた。	〈遊び〉 ・言葉による応答で気持ちの安定が図れるため、様子を見守りながら声かけをしていく必要がある。	〈遊び〉 ・体を使った遊びに楽しく取り組むことができる。	〈遊び〉 ・遊び込めているかを観察しながら、本児の様子に応じて言葉による応答を行う。

〈特記事項〉

（筆者作成）

事例３：なかなか集中できないＴちゃん

　　Ｔちゃんは年長組21名に在籍している女の子です。Ｔちゃんは知的障害があります。意味のある言葉の表出はありませんが、言葉の理解は日常会話の中で使われるいくつかの言葉については理解できているようですし、自分の名前を呼ばれると「あー」と言って手をあげることもできます。絵本が好きで、読み聞かせでは保育者の話をしっかり聞いて、絵本を見ることができますが、他の活動のときには目に入ったもの、音が聞こえてきたものへと、注意がいってしまって、キョロキョロしてなかなか集中できないことが多いかなと思います。今回は設定保育で、翌週に予定されているクッキングのシチュー作りに期待感をもてるように、「シチューの中に入れるものは何かな？」遊びをします。直方体の箱に子どもの手を入れられるようにした穴を開けて、手を差し入れて、中に入れたものを触れるようにしました。それを「はてなボックス」と名付けました（図8-3）。シチューの材料となる野菜などを入れて、子どもたちに手を入れて当てさせて、その材料の絵カードをホワイトボードに貼っていきます。Ｔちゃんは冒頭の絵本の読み聞かせはきっと見てくれると思いますが、その後は友だちがしている「シチューの中に入れるものは何かな？」遊びはなかなか見てくれないだろうし、Ｔちゃんにも遊びに参加してほしいなと思いますが、一人では難しいと思います。Ｔちゃんは食べることも好きなので、この遊びに興味を持ってくれるだろうとは思います。だから、きっと友だちと同じように活動したい、遊びを楽しみたいと思うことでしょう。さて、このクラス全体の設定保育のねらいを踏まえて、Ｔちゃんには個別のねらいとしてどのようなことを設定し、そのねらいを達成するためには、どのような個別に配慮した指導・支援をすればよいのでしょうか。

図8-3　はてなボックス

　全体の中で、個別に配慮した指導・支援をするためには、クラス全体の設定保育でのねらいから、Ｔちゃんの子ども理解を踏まえて、個別のねらいを設定することが大切となる。クラス全体の設定保育のねらいと、個別のねらいが関連している必要があるということになる。**事例３**の場合、全体のねらいは「シチュー作りに使用する食材を知り、シチュー作りに期待をもつことができる」となっている。一方、Ｔちゃんは食べることに興味・関心はあっても、この設定保育では実際に何かを作るわけではないので、なかなか見ることができないのではないかと予想される。全体のねらいにある「食材を知る」「期待をもつ」ということは、Ｔちゃんの実態から考えると、まずは保育者を見ることであり、次に、友だちが「はてなボックス」でシチューの材料を当てている場面を見ることではないだろうか。だから「保育者を見る」ことや、「友だちが『はてなボックス』で遊んでいる様子を見る」ことが、個別のねらいとして考えられる。次に、Ｔちゃん一人では、「はてなボックス」でシチューの材料を当てることは難しいだろうという実態がある。しかし、きっとＴちゃんはやってみたいと思っているはずだと担任保育者は思っている。よって、「友だちと一緒に『シチューの中に入れるものは何かな？』遊びをする」ことが、次の個別

4. 個別の指導計画の作成　95

表8-6　活動案（事例3の場合）

題材	「シチューの中に入れるものは何かな？」遊びをしよう！			Tちゃんの個別の指導計画	
ねらい	シチュー作りに使用する食材を知り、シチュー作りに期待をもつことができる。			ねらい	
時間	保育者の活動	子どもの活動	留意事項	Tちゃんの活動	Tちゃんへの支援
10:10	○シチュー作りの絵本の読み聞かせをする。 ○次回のクッキングでは、シチューを作ることを知らせる。 ○シチュー作りに使う材料を考えてみることを伝える。 ・はてなボックスを出し、その中にシチューに入れる材料が入っていることを知らせる。 ・子どもたちにはてなボックスの中に何が入っているのか当ててみるように伝える。 ・はてなボックスの中のものを入れ替える（子どもたちが入れ替える）。 ○野菜以外にも使うものがあることを伝える。 ・食材イラストをボードに貼って見せる。	○保育者の周りに集まって座って絵本を見る。 ○次回のクッキングについて知る。 ○はてなボックスの中に何が入っているかを、名前が呼ばれた子どもから前に出て触ってみる。 ・はてなボックスの中のものを触って、どのような感じだったのかを言う。 ・中のものを予想する。 ・保育者がはてなボックスの中のものを入れ替えているときには座って待つ。 ・シチュー作りに入れる野菜を見る。 ○ボードに注目し、イラストの中でシチュー作りに入れないものを当てる。	・保育者の近くに座るように促す。 ・これまでのクッキングのことを思い出させる。 ・はてなボックスの中には、シチューに入れる野菜が入っていることを知らせる。 ・中のものを触った子どもにどのように感じたのかを尋ねる。 ・落ち着かない子どもや順番を待てない子どもには座って待つように伝える。 ・保育者が中のものを入れ替えているときは、のぞかないように座って待つことを伝える。 ・待つことができたときにはほめる。 ・野菜がそろったら、もう一度どのような野菜を使うのかを見る。 ・ボードに注目するように促し、イラストが何か尋ねる。 ・シチュー作りに入れないものは何か尋ねる。 ・シチュー作り、シチューを食べる、イラストに使用するものを明確にする。		
10:45	○クッキングをする日や次回の活動について知らせる。	○クッキングの日を知り、次回の活動に期待を持つ。	・カレンダーを見せて、次回のクッキングの日を知らせたり、作り方や役割分担の説明をしたりすることを伝える。		

（筆者作成）

のねらいとして考えられるのではないだろうか。

　では，このTちゃんの個別のねらいを達成するための支援としてはどのようなことが考えられるであろうか。設定保育冒頭にある絵本の読み聞かせは，集中して見てくれるだろう。他の子どもたちと同様に読み聞かせをすればよい。「はてなボックス」を出してきた後ぐらいから，集中が切れて見なくなることが考えられる。だから，この辺りの展開から，担任保育者自身が大切だから，絶対に見てほしい，聞いてほしいと判断したことは，全体に対して見せたり，言ったりした後に，もう一度同じように，今度はTちゃん個人に向けて，見せたり，言ったりすることが支援として考えられる。担任保育者が2回同じことを見せたり，言ったりすることによって，「ここは大切なので，絶対に見たり，聞いたりしてほしい」というメッセージを態度で示すことになる。これを繰り返していると，周りの子どもたちに担任保育者の「Tちゃんにも見てほしい，聞いてほしい」というメッセージが届くようになり，例えば，隣に座っているCちゃんが「Tちゃん，『はてなボックス』を見よう」と言ってくれるようになるかもしれない。

　さて，「はてなボックス」で遊ぶ順番が，そろそろTちゃんに回ってくる。ここで，クラスの子どもたちに，「次はTちゃんだけど，どうやったら同じ遊びができるかな」と声かけをして，子どもたちに考えさせるのも支援の一つであろう。すると，きっと友だちの誰かが，「一緒にすればいい」と言って，Tちゃんと一緒にすることを名乗り出てくれるのではないか。また，担任保育者が声かけをしなくとも，隣に座っているCちゃんは「Tちゃん，一緒に『はてなボックス』しよう」と声をかけてくれるかもしれない。そうなると，きっとTちゃんは，友だちのみんなと同じ遊びをしようと思って立ち上がって一緒に遊びを楽しめるだろう。Tちゃんは「はてなボックス」にCちゃんと一緒に手を入れて，何が入っているかわかったとしても言葉で言うことはできないけれど，きっとCちゃんがその入っている野菜の名前を言ってくれるだろう。また，保育者が代わりに，「Tちゃんはきっとジャガイモが入っていると言いたいのだと思うよ」とTちゃんの表情を確かめながら言ってもよいだろう。

　このように，クラス全体の設定保育の展開に関連させて，Tちゃんの個別の活動やそれを引き出すための個別の支援を考えていくことになる。Tちゃんにとって有効な支援を受けることで，Tちゃんの主体的な動きが引き出されると同時に，周りの子どもたちもTちゃんの思いを汲んで自分たちのTちゃんに対する見方を変容させていき，それが行動となって表れていく。インクルーシブな保育が少しずつ実現していくことになる。

5．共生社会とインクルーシブ保育の実現へ向けて

　前述（p.85）の「報告」では，「共生社会」とは，「これまで必ずしも十分に社会参加できるような環境になかった障害者等が，積極的に参加・貢献していくことができる社会である。それは，誰もが相互に人格と個性を尊重し支え合い，人々の多様な在り方を相互に認め合える全員参加型の社会である。このような社会を目指すことは，わが国において最も積極的に取り組むべき重要な課題である」と述べて，障害の有無に限らず，社会を構成する多様な人々が互いに尊重される全員参加型の「共生社会」を実現することが，これからのわが国が目指すべき社会であると

している。そのためには，インクルーシブな教育・保育が当然実現されていなければならない。「共生社会」とは，まさにインクルージョンの社会を実現することに他ならないからである。そして，インクルージョンを実現するためには「合理的配慮」が不可欠である。そのために「子ども理解」を図り，本人の思いや願いに迫ることにより，「合理的配慮」による指導・支援の工夫を行うことが求められるのである。

　最後に，保育者自身が，子どもの姿から学び，自らの価値観や考え方を変容させることが，インクルーシブな保育へとつながる第一歩であることを，もう一度強調することで，本章を終わりとする。

【演習問題】
① 本章を学んで，気付いたことを3つあげてみよう。
② 「インクルージョン」「合理的配慮」「子ども理解」のそれぞれの用語の意味と互いの関係性について，調べて話し合ってみよう。
③ **事例3**以降で読んだことを，**表8-6**中にある「Tちゃんの個別の指導計画」の「ねらい」「Tちゃんの活動」「Tちゃんへの支援」の欄に，簡潔にまとめて記入してみよう。

参考文献
・阿部敬信：「個別の教育支援計画」，「個別の指導計画」を意味あるものにするために，授業づくりネットワーク，**25**，pp.58-63，学事出版，2017．
・阿部敬信：保育所における個別の指導計画による保育実践の効果第3報—保育士に対する5年間の作成と活用を振り返る質問紙調査をとおして—，日本保育学会第69回大会発表要旨集，p.651，2016．
・阿部敬信・小久保次郎・本庄公多子・山下香織：保育所における特別な支援が必要な子どもに対する個別の支援計画の作成と活用—組織的なPDCAマネジメントサイクルによる活用—，日本保育学会第66回大会発表要旨集，p.669，2013．
・上田征三・金　政玉：障害者の権利条約とこれからのインクルーシブ教育，東京未来大学研究紀要，**7**，pp.19-29，2014．
・尾崎康子・小林　真・阿部美穂子他：保育者のための幼児用発達障害チェックリスト解説書，文教資料協会，2014．
・平澤紀子（平澤紀子・山根正夫・北九州保育士会編）：気になる・困った行動の理解と対応，保育士のための気になる行動から読み解く子ども支援ガイド，学苑社，pp.23-46，2005．
・森永良子・柿沼美紀・紺野通子他：乳幼児社会的認知発達チェックリスト—社会性のめばえと適応—手引，文教資料協会，2011．

第9章 諸外国の保育に学ぶ多様な保育と保育者の専門性
―「主体的な遊びと学びが可視化（見える化）」する保育との対話から私（たち）の保育を切り拓く―

1．保育の場における「学びと育ちの可視化（見える化）」の重要性の背景

「人生の始まりこそ力強く（Starting Strong）！」（図9-1）と，「世界中の人々の経済的・社会的福祉を向上させる政策を推進すること」（OECD，2018）をその働きの使命としているOECD（経済協力開発機構：Organisation for Economic Co-operation and Development）が，乳幼児教育・保育の重要性を示したのは21世紀の幕開け，2001年のことであった。より質の高い乳幼児教育・保育を志すこと，すなわち子どもの最善の利益を考慮し保障する営みは，日本に限らず世界中の子どもの育ちに携わる誰もの共通課題である。特にわが国の保育現場で大切にしている「遊び」は，前述のOECDの研究においても重要であることが明らかになっている（OECD，2017）。ということは，「どの国でも，乳幼児期において，子どもが夢中になって主体的に遊ぶことが文化普遍的に大事にされている」[1]のである。そこで問われるのが，以下の2点である

1点目は，「主体的な遊びとは？」ということ。「周囲の環境に興味や関心を持って，積極的に働き掛け，見通しを持って粘り強く取り組み，自らの遊びを振り返って次につなげる「主体的な学び」ができているか」という文部科学省のアクティブ・ラーニングの視点においても幼児教育の遊びの重要性が示され問われている。

2点目は，「遊びを通して子どもは何をどのように学ぶのか？」「遊びを通して子どもはどのように育つのか？」という子どもの遊びと育ちの可視化（見える化）である。

近年，諸外国においても遊びと生活を通した「学びの可視化 "Making Learning Visible"」が着目されている。これは，子どもの遊びや活動を大人（保育者）が決めて大人（保育者）の目で「できた／できない」「○か×か」「上手／下手」としてとらえる「結果（プロダクト）重視」ではなく，子どもの興味・関心，自発性・好奇心・探究心を始点として，「行ったり来たり」「持続的」に展開する「過程（プロセス）重視」にすることである。こうした主体的な遊びとそのプロセスを表すことが，アクティブ・ラーニングにおける「対話的な学び」（他者との関わり

図9-1 "Starting Strong！"
「人生の始まりこそ力強く！」
(OECD, 2001)
出典）http://www.oecd.org/education/school/startingstrong.htm

を深める中で，自分の思いや考えを表現し，伝え合ったり，考えを出し合ったり，協力したりして自らの考えを広げ深める）と「深い学び」（直接的・具体的な体験の中で，「見方・考え方」をはたらかせて対象と関わって心を動かし，幼児なりのやり方やペースで試行錯誤を繰り返し，生活を意味あるものとしてとらえる）にもつながることになるだろう。諸外国でこうした実践を展開している場を訪れることから，「次は私の番」として読みすすめていただきたい。

2. イタリアのレッジョ・エミリア市の乳児保育所・幼児学校

(1) 概　　要

「教育はすべての人，すべての子どもの権利であり，それはコミュニティの責任である」[2]と，子どもを出発点とする保育を展開しているのが，イタリアのレッジョ・エミリア市である。イタリア北部のエミリア・ローマニャ州にあり，人口は17万人ほど（2017年の島根県出雲市，北海道苫小牧市とほぼ同じ）である。1991年12月，アメリカの週刊誌『Newsweek』が，「世界で最も優れた乳幼児教育が行われている」と市立ディアーナ幼児学校（図9-2）（3～5歳児）の実践が紹介されてから，毎年約4,000人が訪れて，その実践に学んでいる。

乳幼児教育施設は，乳児保育所（0～3歳）と幼児学校（3～5歳）からなり，保育時間は概ね朝8時から夕方6時頃（早朝・長時間保育を含む）となっている。クラス担任は2人，幼児学校にはアトリエリスタ（芸術士）が常駐している。加えてペダゴジスタ（教育主事）が概ね4つの施設を担当，園を巡回して保育のサポートや助言をしている。特に大切にしているのが，「子どもの100の言葉」を持つ市民としてとらえていることである。子どもの感じ方，思い，興味・関心や疑問に聴き入り，子どもの多様な表現を保育に反映している。こうした子ども時代から人やものへの尊重と慈しみに満ちた生活が，街の発展と平和の創造につながるとしているのである。子どもの表現世界を深めるのが，アトリエという工房である。子どもから出発し，対話をしつつ展開する実践ゆえ，はじめから決まったカリキュラムは存在しない。日常生活から子どもと大人が共に驚き，発見し，意味付けすること，すなわち誰もが主人公として生活に参加し，対話し，連帯する社会を乳幼児教育の現場から展開しているのである。

図9-2　レッジョ・エミリアの公園にあるディアーナ幼児学校

図9-3　1991年12月のレッジョ・エミリアが掲載された"Newsweek"誌

(2) 保育内容の要：プロジェクトとドキュメンテーション

保育内容の中心が，イタリア語で「プロジェッタツィオーネ（progettazione）」，と呼ばれるプロジェクトである。短長期間にわたり繰り広げられる。「前に投射する」という本来の意味から，子どもがさまざまな素材や場との出会いと関わり，個人やグループの思いをさまざまな方法で表現し探究する（図9-4）。プロジェクトは「子どもの100の言葉」のごとく，多様性に富んでいる。

図9-4 広場の教会のライオンへの興味・関心からプロジェクトが展開

表9-1 プロジェクトのタイトル例

自然光と人工光	影	小鳥の遊園地
群集	椅子（お行儀の悪い座り方ができる）	公園は…
ライオンの肖像	広場とたくさんの広場	レッジョぜんぶ

（筆者作成）

表9-1のプロジェクトのタイトルを見るだけでも，子どもの思いや願いが反映しているのでは，と考えるだけでもワクワクしてくるだろう。遊びと学びを対立するものと考えず，両者は一体化している活動としてみなしている。

そして，子どもたちの活動のプロセスが，「ドキュメンテーション」として可視化（見える化）される。ドキュメンテーションを通して，子どもの遊びと学びのプロセスを，子どものみならず，保育者も保護者もまた地域の人も分かち合える。ドキュメンテーションは，子どもも大人も活動を振り返り，新たな展開への道しるべとなる要素も含んでいる。

(3)「食の言葉」プロジェクト

「食」の探究を行ったプロジェクトでは，テーブルセッティング（テーブルクロス，食器の選択，花や葉による装飾），スパイスとなるハーブ畑のデザインから畑作り，収穫，クッキングの材料の買い物，レシピ作り，クッキングから盛り付け，野菜や果物と五感を通しての出会いを観察画にしたり，匂いを音や絵で表現したりすること等，「子どもの100の言葉」を具現化する保育内容であった（図9-5）。保護者も調理に参加することもある。畑づくりでは地域の人が関わり，誰もがプロジェクトの主人公として参加するのである。その様子をドキュメンテーションとして，描画，造形，画像，ビデオ，本とすることで，子どもの学びと育ちを可視化（見える化）することになり，さらなる「ヒト・モノ・コト」との対話が生み出され，乳幼児教育文化の継承・充実・発展につながることが考えられる。

図9-5 「食の言葉」プロジェクトのドキュメンテーションとしての本

3．ニュージーランドの乳幼児教育

(1) 概　　要

　ニュージーランドでは，1986年に幼保一体化となり，保育所も幼稚園も教育省の傘下になった。「子どもは有能で自信に満ちた学び手である」と乳幼児教育のカリキュラム「テ・ファリキ (Te Whariki)」(2017)（図9-6）で子ども観をはっきりと表明している。ここには，先住民のマオリと欧州系の2言語2文化を尊重する，すなわち一人一人が生まれたときからかけがえのない存在として尊重することを保障する精神の表れであると読み取れるだろう。多様性を尊重することは，乳幼児教育保育施設の種類にも反映されている。幼稚園，保育所，プレイセンター，プレイグループ，テ・コンハガレオ，遠隔地通信制等があり，子どもと家庭の状況に応じた保育が展開されている。

　保育内容の礎（いしずえ）となるのが，マオリ語で「編み込みマット／敷物」の意味を持つ前述した「テ・ファリキ」である。子どもの学びと育ちを社会文化的視点からとらえる4つの保育の「原理 (principles)」(①エンパワーメント，②全人格的発達，③家族とコミュニティ，④関係性) と学びと育ちの領域としてとらえられる5つの「要素 (strands)」(①ウェルビーイング（心身の健康），②帰属感，③貢献，④コミュニケーション，⑤探究) が，まさに「テ・ファリキ」のように保育内容が編み込み合い展開することを奨励しているのである（図9-7）。ニュージーランドの乳幼児教育保育施設を訪問すると，どの園の玄関や保育室にもこの「テ・ファリキ」のマットが掲示されており，国の姿勢の決意表明であることを宣言している，とその崇高な意思に感服する。

図9-6　乳幼児教育カリキュラム「テ・ファリキ」の表紙
出典）"Te Whariki（テ・ファリキ）" NZ幼児教育カリキュラム，2017.
https://education.govt.nz/assets/Documents/Early-Childhood/ELS-Te-Whariki-Early-Childhood-Curriculum-ENG-Web.pdf

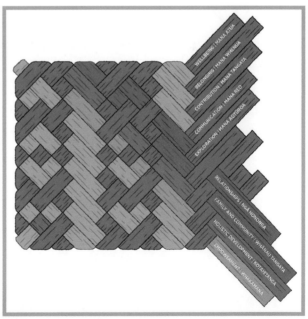

図9-7　保育の「原理 (principles)」と「要素 (strands)」が編み込み合う
出典）"Te Whariki（テ・ファリキ）"の「保育原理と領域」NZ幼児教育カリキュラム，2017.

(2) 保育内容の要：「ラーニング・ストーリー（学びの物語）」

子どもの学びと育ちをどのように受け止め，表すのか，その手引きとなっているのが，「ケイ・ツァ・オ・テ・パエ（Kei Tua o te Pae：地平線を超えて）」という評価事例集である（図9-8）。評価という言葉を用いたが，子どもの学びを「できる／できない」「達成／未達成」と二項対立的な結果でとらえるのではなく，子どもの遊びにみられる学びの姿を具体的に画像や文章にて表す。その手法が，「ラーニング・ストーリー（学びの物語）」である。子どものありのままの遊びの姿を保育者がまさに「語る」ように記し，その中に前述した保育の「原理」と「要素」が関係し合っているのかを考察し，次にどのような手立て（環境構成や保育内容）を工夫するのかを表す。日々の「ラーニング・ストーリー」は「ポートフォリオ」に収集される。「ポートフォリオ」は保育室の子どもの手の届くところに置いてあり，子どもの自分の遊びの振り返りや，仲間や保育者，保護者との分かち合いに用いられる。子どもの遊び，学びと生活の連続性を大切にする保育内容へとつながるのである。

図9-8　子どもの学びの評価方法・事例集「Kei Tua o te Pae」

出典）"Kei Tua o te Pae（ケイ・ツァ・オ・テ・パエ：地平線を超えて）"「学びの評価事例集」，NZ幼児教育カリキュラム，2017．（http://education.govt.nz/assets/Documents/Early-Childhood/Kei-Tua-o-te-Pae/ECEBooklet1Full.pdf）

(3) Tアーリー・チャイルド・センター

ニュージーランド最大の都市オークランド郊外にあるTアーリー・チャイルド・センターは，ニュージーランドの幼児教育の根幹である「子どもは有能で自信に満ちた学び手である」として，子どもの日々の生活の場を「学びの空間」ととらえている（図9-9）。0～4歳児が通う室内外の環境は，子どもが自分で遊びを選び，主体的な学びを展開する工夫が凝らしてある。人工物や自然物の素材，積木，コンピュータやごっこ遊びの空間，造形や絵画のできる場所が保障され

①自然界探究

②自然界粘土

図9-9　Tアーリー・チャイルド・センターにおける活動「自然界の探究」プロジェクト

ている。保育者が活動をあらかじめ決めて，子どもが一斉に活動に取り組むのではなく，一人一人の子どもが自発的に行っていることを尊重し，集まりの会等において仲間と分かち合うことを大切にしている。部屋の壁には子どもの遊びの経過が画像や文字で表されているので，どのようなことをしているのか，子どもも大人もわかるようになっている。子どもの遊びと学びの可視化（見える化）の具現化である。Tアーリー・チャイルド・センターは，レッジョ・エミリアの子ども観・保育観と響き合いつつ，ニュージーランドの社会文化を大切にした保育を展開している。

4．イギリスの乳幼児教育

(1) 概　　要

　イギリス（英国）の正式名称は，「グレートブリテン及び北アイルランド連合王国（United Kingdom of Great Britain and Northern Ireland）」であり，イングランド，ウェールズ，スコットランド，北アイルランドの4か国からなる連合王国である。ゆえに，連合王国としての共通性を保ちつつ，それぞれの国で自治権を持ち，乳幼児教育を展開している。共通にあるのが，カリキュラムとしてとらえられる「EYFS（Early Years Foundation Stage：乳幼児期基礎段階）」である。乳幼児期基礎段階は0～5歳（小学校入学）までを対象としたもので，7領域（内訳は基幹3領域（①コミュニケーションと言葉，②身体的発達，③人格的・社会的・情緒的発達）と特定4領域（④読み書き，⑤数，⑥周囲の事象理解，⑦表現アートとデザイン））が学習と発達の基準とされている。子どもの学びと育ちについては，「EYFSプロフィール」として，小学校入学時まで到達度を保護者や小学校と共有することになっている。

　日本と大きく異なるのは，就学期である。多くの場合，3～4歳が「ナーサリースクール（保育学校）」に通い，4歳になると小学校に付設されている「レセプションクラス（受け入れ・準備学級）」に入学，5歳から義務教育が始まる。また，保育時間については，ナーサリースクールは概ね半日（午前と午後クラス）の3時間程である。保育所（デイ・ナーサリー）については，0歳からで，半日，一日，一時保育と多様である。その他にチャイルドマインダーという個人家庭における保育施設がある。

　保育の質の向上を目指してイギリスが行っているのが，OFSTED（Office for Standards in Education, Children's Services and Skills：教育水準局）という政府機関の監査役による定期的に行われる査察である。保育内容や施設環境等を総合して4段階の評価が各施設のホームページに開示される。

　国をあげて乳幼児教育保育の水準を向上しようとする意気込みは，保育者にとっても保育に従事していることを後押ししてくれている実感を覚えることにつながるであろう。その一方で，早期教育化は，保育内容が小学校の準備段階として「早く」結果を出そうとする傾向にもなりかねない，と子どもの遊びを通しての学びの過程（プロセス）を大切に，という動きとの葛藤が生じてもいる。

（2）保育内容の要：プロジェクトと「ラーニング・ダイアリー（学びの日記）」

　ウェールズのブリストル市にあるWナーサリースクールは、1931年に開設された「遊びを基盤」とした保育内容を展開している。8時から17時までの保育時間に、2～4歳の子ども合計180人程が、全日、半日、週3日～5日のプログラムに属している。この地域は多文化で筆者が訪れた2016年は、26の異なる言語を母語とする子どもたちが在園していた。

　一人一人の興味と関心を尊重する遊びを基礎とする保育内容は、イタリアのレッジョ・エミリア市のプロジェクト・アプローチに刺激を受けて、プロジェクトが保育内容の中心となっている。特に力を入れているのが、「手と頭の協応」「アート世界の味わい」としての木工である。アーティスト・レジデンス（芸術家が園に常駐して子どもとともに活動を行う）のピート・ムーアハウス（Pete Moorhouse）氏が保育者と共同してさまざまなプロジェクトを繰り広げている。

1）「木との出会いと探究」のプロジェクト（図9-10）

　まずは、木との出会いとして木の「年齢」「匂い」「感触」「音」を楽しむ。子どもから木を使って創りたい、という声から木工を展開する。はじめに何かを創ることを設定するのではなく、あくまでも子どもの木との出会いとそこから想像する世界を大事に、一人一人の思いを実現する木工である。

①木工との出会いグループ　　②N君の木工活動

図9-10　Wナーサリースクールにおける木工活動

2）「サウンド・ガーデン（音の庭園）」プロジェクト（図9-11）

　園庭で子どもたちが木の枝で遊具を叩いたり撫でたりしている様子を観察した保育者がムーアハウス氏と話し合い、保護者の協力も得て多様な素材を元に子どもたちが楽器を創作、「サウンド・ガーデン（音の庭園）」へとつながったのである。

4. イギリスの幼児教育　105

①サウンド・ガーデン

②サウンド・ガーデン部品

図9-11　Wナーサリースクールの園庭で子どもと創ったサウンド・ガーデン

（3）子どもの遊びと育ちの可視化：「ラーニング・ダイアリー（学びの日記）」（図9-12）

　Wナーサリースクールでは，一人一人の子どもが「ラーニング・ダイアリー（学びの日記）」と名付けられた「ポートフォリオ」を持つ。入園前に，保護者に，「ラーニング・ダイアリー」を日々のセンターにおける子どもの学び・発達を知ることと同時に，活動展開を支える情報源として用いていることを伝える。さらに，定期的に自宅に持ち帰り，保護者からも子どもに対する気付きや感想を記してもらい，写真や描画を添えることもある。多角的な交換日記として用いており，ナーサリーと家庭が子どもの学びと育ちの両輪となって支える意味を持つ。

　「ラーニング・ダイアリー」は，部屋の棚など子どもの手の届く所に置いてある（図9-12-①）ので，子どもは自分で，また友だちと見入ることもあり，友だちの遊びからヒントを得て，新しい遊びへと発展することもある，継続的な遊びと学びの資源となっているのである。

①ラーニング・ダイアリー

②L君のダイアリー

図9-12　Wナーサリースクールで活用されている「ラーニング・ダイアリー」

　本章では，イタリアのレッジョ・エミリア市，ニュージーランド，イギリスに焦点を絞り，保育の傾向と特に子どもの「主体的な遊び」を保障し，「学びと育ちの可視化（見える化）」に重点を置いている施設における保育内容を取り上げた。子どもは乳幼児教育保育施設にて，遊びを通

して身の回りの世界と出会い，対話し，探究し続けている。子どもは可能性に富み，好奇心にあふれ，探究心を持って生きている，と子どもの表現の豊かさ（「子どもの100の言葉」）に聴き入り，環境構成者として子どもと共に遊びと生活を創造する人として，これからも諸外国の保育に触れ，自分の保育の世界を広げていきたいものである。

【演習問題】
① 本章を学んで，発見したこと，驚いたことを3つあげてみよう。
② もっと深めたいと思った用語について話し合ってみよう。

引用文献
1）秋田喜代美：主体的な遊びを育てることの価値とアポリア，特集　子どもをはぐくむ主体的な遊び，発達，**150**，ミネルヴァ書房，pp.18-22，2017.
2）Reggio Children著，森　眞理，渡邊耕司訳：レッジョ・エミリア市自治体の幼児学校と乳児保育所の指針，レッジョ・チルドレン，p.7，2014.

参考文献
・Ministry of Education, NZ：Kei Tua o te Pae.（http://education.govt.nz/early-childhood/teaching-and-learning/assessment-for-learning/kei-tua-o-te-pae-2/）
・Ministry of Education, NZ：Te Whariki Early childhood curriculum, 2017.
・OECD：Home.（http://www.oecd.org/tokyo/about/）
・OECD：Starting Strong V, Paris：OECD, 2017.
・St. Werburgh's Park Nursery School Governing Body：Teaching, Learning & Assessment Policy, 2015.
・Tots Corner：Home.（http://totscorner.co.nz/）

第10章 保育内容におけるESD
― 「地球規模で考え，身近なところから」に向けて―

1．ESDについて理解する

(1) ESDの意味と意義

　本章のタイトルを見て「ESDとは何？」と思った人は，「子ども心」を持って本章に出会い，読み続けていかれることだろう。というのは，「何だろう？」「知りたい」「わかりたい」の心もちは，まさに子どもが持っている好奇心，探究心に通ずるからである。本章はぜひ，この心もちを持って学びを深めてほしい。

　さて，ESDについてである。ESDとは，

- Education　　：教育
- (for)　　　　：(のため)
- Sustainable　：持続できる
- Development　：開発

という英語の略であり，「持続可能な開発のための教育」が日本語として定義されている。

　諸国民の教育，科学，文化の協力と交流を通じて，国際平和と人類の促進を目的とした国際連合の専門機関（文部科学省，2018）であるユネスコ（UNESCO）委員会では，ESDを以下のように，位置付けている。

> 　今，世界には環境，貧困，人権，平和，開発といった様々な問題があります。ESDとは，これらの現代社会の課題を自らの問題として捉え，身近なところから取り組む（think globally, act locally）ことにより，それらの課題の解決につながる新たな価値観や行動を生み出すこと，そしてそれによって持続可能な社会を創造していくことを目指す学習や活動です。つまり，<u>ESDは持続可能な社会づくりの担い手を育む教育</u>です。
> （注：下線はユネスコ委員会による）

出典）文部科学省：ユネスコ国内委員会　ESD (Education for Sustainable Development). (http://www.mext.go.jp/unesco/004/1339970.htm)

　「日本人は平和ボケ」という言葉を耳にしたことがあるかもしれない。日本にいると国家間や国内の紛争，飢餓，貧困，疫病，宗教や民族による排除等に，今この瞬間，毎日の生活が脅かされていると実感することとは縁遠く，別世界のこと，と感じられるかもしれない。しかし，果たして世界で起こっていることに対して，「関係ない」といっていられるだろうか。日本の中でも近年，温暖化や地震といった自然災害や子どもの貧困，児童虐待，といった問題・課題がある。

本書の読者であれば,「保育は,幼い子どもの生活を充実することであり,未来につながっている大切なこと」と受け止めて,幼いときの体験（遊び,学びや生活）がその人の10年後,20年後,50年後…に続く大切な営みであることを自覚しているだろう。ゆえに,「持続可能な社会づくりの担い手を育む教育」であるESDは,まさに,保育内容そのものであることを実感することであろう。

ユネスコ委員会では,教育（保育）への取り組みにおいて,「環境,平和や人権等のESDの対象となる様々な課題への取組をベースにしつつ,環境,経済,社会,文化の各側面から学際的かつ総合的に取り組むことが重要」[1]と提示している。その概念図（考え方）は,**図10-1**のとおりである。

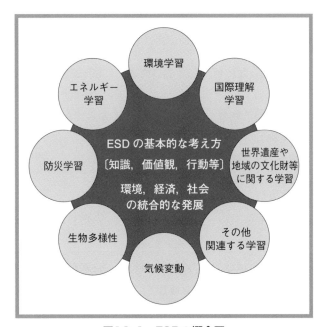

図10-1　ESDの概念図
出典）文部科学省：ユネスコ国内委員会　ESD（Education for Sustainable Development）.
（http://www.mext.go.jp/unesco/004/1339970.htm）

加えて,持続可能な社会,世界の実現に向けて身近なところからアクションを起こす人を育てるために,2014（平成26）年に愛知県で開催されたESDユネスコ世界会議では,ESDを考え行動する上で,
・人間と自然との関係
・人間と人間との関係
・人間と社会との関係
の3つの視点を,将来にわたりいかに持続できるかを考える教育活動が求められている（ESDユネスコ世界会議, 2013）と表している。

保育の内容が,"think globally, act locally（地球規模で考えて,身近なところから行動）"という視点を持っていることが,持続する世界・社会の創造に関係しているのである。

（2）ESDが生まれた経緯

ESDは，一体どのような経緯で開発されたのであろうか。歴史的背景を探ることにしよう。

ユネスコ（2005）[2]，上原（2005）[3]と冨田（2018）[4]による文献から整理してみると，**表10-1**のとおりとなる。

表10-1　ESDの世界的な歴史

1972年	国連人間環境会議を契機に国際社会において自然環境と，貧困による経済・社会問題のために共同して取り組む認識が高まる	スウェーデン，ストックホルム
1980年代	「持続可能な開発」への意識向上	
1992年	国連環境開発会議（ブラジル，リオデジャネイロ）にて，「アジェンダ21；第36章」，教育の重要性が強調された	ブラジル，リオデジャネイロ
2002年	世界首脳会議にて日本が「持続可能な開発のための教育の10年」を提案し採択	南アフリカ，ヨハネスブルク
2005年	1月1日から始まる10年を「ESDの10年」と宣言	国連本部
2009年	「ESD世界会議」（ドイツ，ボン）による宣言，採択	ドイツ，ボン
2012年	国連持続可能な開発会議（リオ＋20）が開催	ブラジル，リオデジャネイロ
2013年	「国連ESDの10年」の後継プログラム（グローバル・アクションプラン・プログラム）採択	フランス，パリ
2014年	「持続可能な開発のための教育」に関するユネスコ世界会議開催	愛知県名古屋市
2015年	国連サミットでSDGs（持続可能な開発目標）採択	国連本部

（筆者作成）

表10-1からわかるように，ESDの誕生，そして発展に日本政府が提案し，世界における行動（アクション）へと拡がっていったのである。

（3）ESDと保育：OMEP（世界幼児教育・保育機構）の働き

乳幼児のESDを考える上で，大きな働き・貢献をしているのがOMEP（世界幼児教育・保育機構／Organisation Mondiale Pour l'Éducation Préscolaire）である。OMEP日本委員会のホームページに，その起源は「1948年，第二次世界大戦直後，未だ戦火の消えないヨーロッパで，幼児教育にたずさわっている人々が，国境を越えて子どもたちのために協力する目的をもって，国際機関を創設しました」（OMEP，2018）とある。結成当時11か国であったOMEP加盟国は，現在56か国となり，日本も1968（昭和43）年に正式に加盟した。

世界の子どもを取り巻く情勢は平穏とはいえず，日々命が危ぶまれる子どもが何千万人といる。例えば，学校に行かれない子どもは6,100万人（ワールドビジョン，2018）[5]，5歳の誕生日を迎えることなく命を落としている子どもが560万人，1日当たりにすると約15,000人以上（ユニセフ，2017）という現実がある。OMEPは，ユネスコの協力機関として，幼児教育・保育のすべての面に貢献する非政府（NGO）非営利（NPO）組織として活動を行っている。

2008年，OMEPではESD世界プロジェクトを立ち上げ，

「持続可能な開発（SD）とは，これからを生きる世代が求められているニーズとして挙げられている力を変えることなく，一人ひとりの今日的ニーズにもふさわしく発展的に行うことである。」[6]　　　　　　　　　　　　　　　（Brundtland, 1987，和訳は筆者による）

として，活動に取り組んでいる。持続可能な開発のための教育とは，「公正（equity）」，「平等（equality）」，「公平（fairness）」を基本概念とした社会づくりを目指すためにある，と表明している。保育実践において，この3つの概念を保育者が意識して子どもとの生活を展開することが，持続性のある社会・世界につながるととらえているのである。

2010年から開始したOMEPのESD世界プロジェクトは，3つの柱と7つの「R」から，日々の実践における方略（考慮する視点）を打ち上げている。

3つの柱と7つの「R」
1．環境的な柱 （The Environmental Pillar）
　　（ア）Reuse：再利用…古いものをより使用しよう
　　（イ）Reduce：削減…節約しよう
2．社会的と文化的な柱（The Social and Cultural Pillar）
　　（ア）Respect：他者への尊敬・尊重する…「子どもの権利」へ尊重と保障を
　　（イ）Reflect：思いをはせる…世界の文化の違いに対して
　　（ウ）Rethink：再考する…人々や他のものについて価値をおくように
3．経済的な柱（The Economic Pillar）
　　（ア）Recycle：リサイクル（再利用）…誰かが再び使うように
　　（イ）Redistribute：再分配…平等に分かち合おう

（和訳は筆者による）

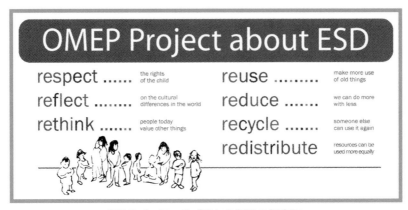

図10-2　7つの「R」を毎日の保育に
（Anna-Karin Engberg.）

保育の場におけるESDは，日々の生活のほんのちょっとした心づかいと行動や活動であることが，図10-2から気付かされたことだろう。ESDは，毎日，毎月，毎年の積み重ねが大切であり，そのことがESDの言葉が表すように，未来へと持続するための開発としての教育なのである。

2．SDGsについて理解する

(1) SDGsの意味と意義

　2015年,「国連ESDの10年」が満期を迎える年に, 193か国の指導者が集まった国連サミットで,「『誰一人取り残さない』持続可能で多様性と包摂性のある社会」の実現のため, 新たに2030年を期限とした17（この下に, 169のターゲット, 232の指標が決められた）の「SDGs（持続開発目標）」が採択された。SDGsとは,

　・Sustainable：持続できる
　・Development：開発
　・Goals：目標

という英語表記の頭文字をとったものである。世界を変えるための17の開発目標は, **図10-3**のとおりである。

図10-3　SDGsの17目標
出典）国連開発計画（UNDP）駐日代表事務所：SDGsの17の目標.
(http://www.jp.undp.org/content/tokyo/ja/home/presscenter/articles/2015/08/21/sdg.html)

　17の目標は,「誰一人取り残さない」社会・世界を創造するために欠かせないアクション目標である。すべての目標が乳幼児に関係しているが, 特に配慮が求められるのが, 目標3「すべての人に健康と福祉を」と目標4「質の高い教育をみんなに」であるといわれている。前述のOMEPでも, SDGsを達成するためには, 乳幼児期からの教育が重要であることをはっきりと表明している（Engdahl, I, OMEP第70回世界総会・大会, 基調講演2「It is time to do the right things

-The role of Early Childhood Education for a sustainable society」チェコ共和国，プラハ，2018）。OMEPの2018年世界大会で基調講演を行ったエングダール博士は，子どもの参加と子どもが変革の主体であるとしての育成が大切であり，子どもを一人の市民，そして社会の参与者として受けとめることを主張した。子どもの意見を尊重することは，子どもが社会の変革者として大人とともに持続可能な社会・世界を創る担い手としてとらえている，ということである。こうしたことは，SDGs目標16「平和と公正をすべての人に」と目標17「パートナーシップで目標を達成しよう」と深く関係することでもある。

　さらに，日本の幼児教育の視座から考えると，SDGsへの取り組みは，自らの「主体的な学び・対話的な学び・深い学び」であり，アクティブ・ラーニングと通ずることである。文部科学省（2016）が示している幼児教育におけるアクティブ・ラーニングの3つの視点において，

1. 周囲の環境に興味や関心を持って積極的に働き掛け，見通しを持って粘り強く取り組み，自らの遊びを振り返って，期待を持ちながら，次につなげる<u>主体的な学び</u>が実現できているか。
2. 他者との関わりを深める中で，自分の思いや考えを表現し，伝え合ったり，考えを出し合ったり，協力したりして自らの考えを広げ深める<u>対話的な学び</u>が実現できているか。
3. 直接的・具体的な体験の中で，「見方・考え方」を働かせて対象と関わって心を動かし，幼児なりのやり方やペースで試行錯誤を繰り返し，生活を意味あるものとしてとらえる<u>深い学び</u>が実現できているか。

が，問われており，子どもが主体者として遊びを通して身の回りの環境と対話し，深い学びを続けていくことを保障することが保育者に求められているのである。SDGsに向かう教育のあり方としてのESDは，こうしたアクティブ・ラーニングの構えがあってこそ実のあるものとなるであろう。

3．ESDと保育内容：人間と自然の関係性

　本節では，ESDの保育実践について学ぶ。ここで紹介する実践は，ESDに取り組んでいる，と明言している園の実践ではない。前述したようにESDは，日々の保育自体がESDであることが，持続可能へとつながる鍵となることが大切，という視点から紹介する保育内容である。ユネスコ世界会議でESDを考えた教育実践において大切な視点であるととらえられている，

・人間と自然の関係
・人間と人間の関係
・人間と社会の関係

を日々の生活としている幼児教育・保育現場の実践に焦点を当てることとする。

（1）「フォレスト・スクール（森の学校）」の実践 　　　（イギリスのWナーサリースクール）

　第9章「諸外国の保育に学ぶ多様な保育と保育者の専門性」においても取り上げたイギリスの

ウェールズ，ブリストル市にあるWナーサリースクールは，園内はもとより，園外における遊びや自然体験を通しての学びを重視している。加えて，その体験を保護者と共有することに力を入れている。

「フォレスト・スクール（森の学校）」と題して，不定期であるが年間を通して保護者の参加を募って，近隣の森や林へと散策に出かける（図10-4-①）。森，林や野原で木，草，花，小動物，虫，池，川との出会いがあり，自然の恵みを五感を通して慈しむことや尊敬の念を育んでいくことにつながるであろう。園内の廊下にフォレスト・スクールのプロセスが掲示される（図10-4-②）ことから，園の関係者（すべての子ども，保育者，保護者や訪問者）と体験を分かち合うことになる。さらに，一人一人の子どもの体験・学びはラーニング・ダイアリーに収められる（図10-4-③）。ラーニング・ダイアリーを家庭に持ち帰った際，家族でじっくりと子どもの体験を分かち合うことになることや家族で森や林に出かけるきっかけづくりともなる。と同時に，子どもが自分の体験を再訪することが可能となり，自分の学びを振り返る機会を与えることとなる。

①保護者の参加票　　②実践プロセス　　③ラーニング・ダイアリー（学びの日記）

図10-4　フォレスト・スクールの実践

（2）「アトリエ」における実践（静岡県のE保育園）

静岡県静岡市の清水区にあるE保育園には，アトリエがある（図10-5-①）。アトリエは，スタジオや工房と称されることもある。E保育園では，イタリアのレッジョ・エミリアの乳児保育所と幼児学校に設置されているアトリエに感化され，「子どもたちが，言葉（話し言葉）だけでない，自らを表現するための様々な表現（技能）を探究する場」（第70回日本保育学会自主シンポジウム，2017，話題提供スライドより）を園内につくりたい，との思いから開園当初（2009（平成21）年）から設置された。同園のアトリエには，素材との出会いの場，そして木工，絵画や造形の場であると同時に，「生き物と共に住む」場でもある。生き物が住む場（室内ビオトープ）は，アトリエ開設後にある保育者が同僚と子どもに投げかけるところから始まった（図10-5-②）。ビオトープ設置の作業から子どもが参与し，場や飼っているカエルの名称を決めたりと，生き物（自然）と共

に生活するというアトリエ空間を醸し出している（図10-5-③，④）。井出園長先生は「カエルのけろちゃんが動くことにより，人間が思いもよらない「素材の変化」が生み出される」と語られた（前出，日本保育学会自主シンポジウム）。生き物（自然）は，人間の思いを遥かに超えて存在していることを，子どもが実感することから，身の回りの世界への尊重や畏敬の念を育むことになる。

①アトリエ　　　　　②アトリエの室内ビオトープ
③ビオトープづくり　　④カエルのけろちゃんとの時間

図10-5　E保育園のアトリエ空間

（3）「毎日のフィーリング（感情）」の実践（イギリスのWナーサリースクール）

Wナーサリースクールで，日課として行っているのが「朝の私の感情」を絵カードから選ぶことである（図10-6）。「朝の気持ちと昼，午後，降園時と，子どもの感情は同じことはない」「絵カードにない気持ちもあるのでは？」「この活動がなぜESD？」と思うかもしれない。確かに，子どもの気持ちは朝の登園のまま同じ，ということは少ないであろう。この園では，朝の気持ちを子ども自身が表現することにより，自分の気持ち（感情）は時によって変化することが多いことに気付き，他者（友だち）の気持ちを知ることになること，また，感情の複雑性を知ることとなり，他者に対して相手も複雑であることを知り理解することにもなるとして，活動を展開している。

特に，Wナーサリースクールには23～28の違う言語を話す子どもが通園しているので，意思疎通は重要課題でもある。他者を知り理解することは，ESDのRespect，他者への尊重を育む実践でもある。

①今日の感情テーブル　　　　　②感情のカード

図10-6　感情を「絵カード」で表現する

（4）「地域社会『おそばやさん』との関わり」の実践
　　　（静岡県のE保育園）

　前述した静岡のE保育園では，開園次年度から清水市の清水そば商組合の青年部の方たちが保育園を訪れて，そば打ち体験と試食会を続けている（図10-7）。始まりは，保護者が清水そば商組合のメンバーであったことから，子どもに本物のそばを味わってほしい，ただし，食べるだけではなく，そばができるプロセスを知ってほしい，五感でそばを体感してほしい，という願いから実現したとのことである。この体験は園内で終わることなく，子どもが後日家族と一緒に清水そば商組合に加盟しているそばやさんに家族で出かけることにつながったそうである。また，そば粉を実際に見て触り，匂いをかいだ経験から，子どもが「粉」に対して興味・関心を抱き，「粉」をめぐり，いろいろな粉との出会いにいたり，粉探しのためにスーパーマーケットに出かける，粉の種類を見分けるといった「粉プロジェクト」活動へとつながったそうである。
　なぜ，この体験がESDとしてとらえられるのだろうか。これは，子どもが社会とつながる体験となったことや，文化の伝統の大切さやそれを継承する機会として持続可能な体験であるということがいえるからである。

①おそばやさんとの体験第6回　新聞に掲載　　②おそばやさんとの体験第8回　新聞に掲載

図10-7　「おそばやさん」との関わりの実践

4．これからに向けて

　本章を読み始めたとき，ESDはかなり難しい，保育の中にどのように取り入れていったらよいのだろうか，と思った人もいるかもしれない。ESDの意味や意義を世界的なとらえ方からみてきたことやSDGsについても知ることにより，ESDについて，少しでも身近なことである，と意識されたのであれば幸いである。ここで大切にしておきたいことは，保育がESDのために行われるということより，日々の保育自体がESDであることになるように意識し，実践することが求められているということである。子ども一人一人の最善の利益の保障，子どもの権利の保障をいつも心に留めておくこと。すなわち，子どもの遊びと学びと生活の環境構成者である保育者一人一人が，ESDの生活を心がけていくことが，子どもが持続可能な社会づくりの担い手として生きることの源となることにつながるであろう。「地球規模で考えて，身近なところから」と今，活動しよう。

【演習問題】
① 本章を学んで，毎日の生活の中で，ESDの「R」を実践する内容を3つあげてみよう。
② もっと知りたいと思ったSDGsの目標について調べ，話し合ってみよう。

引用文献
1) 文部科学省　ユネスコ国内委員会　ESD (Education for Sustainable Development)．(http://www.mext.go.jp/unesco/004/1339970.htm)
2) 文部科学省　ユネスコ国内委員会　ユネスコとは．(http://www.mext.go.jp/unesco/003/001.htm)
3) 上原有紀子：「国連・持続可能な開発のための教育10年」をめぐって―共生社会を目指した日本の取り組み―，レファレンス，**650**, pp.63-82, 2005.
4) 冨田久枝：「ESDに関する国際的な動向」，持続可能な社会をつくる日本の保育―乳幼児期におけるESD―かもがわ出版，pp.7-17, 2018.
5) ワールドビジョンHP．(https://www.worldvision.jp/children/education.html)
6) Brundtland, G.H.："UN commission report our common future", Oxford University Press, 1987.

参考文献
・井出孝太郎：えじり保育園にとっての「アトリエ」という場所，素材との対話を通して生み出されるアート的学び　―レッジョ・エミリアとの対話，マテリアルの声を聴く―，第70回日本保育学会自主シンポジウム，2017.
・国連開発計画（UNDP）駐日代表事務所：SDGsの17の目標．(http://www.jp.undp.org/content/tokyo/ja/home/presscenter/articles/2015/08/21/sdg.html)
・全国私立保育園連盟　保育国際交流運営委員会編：地球にやさしい保育のすすめ　ESD的発想が保育を変える，2014.
・文部科学省：アクティブ・ラーニングの三つの視点を踏まえた，幼児教育における学びの過程（五歳児後半の時期）のイメージ，2016．(http://www.mext.go.jp/b_menu/shingi/chukyo/chukyo3/057/siryo/__icsFiles/afieldfile/2016/04/19/1369745_07.pdf)
・ユネスコスクールHP．(http://www.unesco-school.jp/esd/)
・OMEP日本委員HP．(http://www.gakkai.ac/omepjpn/about/)

索 引

英字

- ABC分析 … 89
- CHEDY（チェディー） … 91
- DESCチェックリスト … 91
- ESD … 107
- EYFS … 103
- OECD … 98
- OFSTED … 103
- OMEP … 109
- PDCAサイクル … 23
- SDGs … 111
- SICS … 82
- UNESCO … 107

あ

- アーティスト・レジデンス … 104
- アーリー・エクセレンス・センター … 50
- アーリー・チャイルド・センター … 102
- アクティブ・ラーニング … 29, 98, 112
- アトリエ … 99, 113
- アリエス … 6

い

- インクルーシブ … 84
- インクルーシブ教育 … 84
- インクルーシブ保育 … 84
- インクルージョン … 84
- インテグレーション … 84

う

- ウッドウォード … 9

え

- 絵カード … 114
- エクスクルージョン … 84
- エゼキアス・ウッドウォード … 9

お

- 音の庭園 … 104
- 恩物 … 10

か

- 可視化 … 98
- 活動記録 … 76
- カリキュラム・マネジメント … 29, 58
- 環境 … 34

き

- 教育・保育課程 … 46
- 教育課程 … 27, 46
- 『教育に関する考察』 … 8
- 共生社会 … 96
- 共生社会の形成に向けたインクルーシブ教育システム構築のための特別支援教育の推進（報告） … 85
- 業務日誌 … 76
- 記録 … 58, 71, 87

く

- 倉橋惣三 … 12

け

- 経済協力開発機構 … 98

こ

- 行動観察 … 87
- 合理的配慮 … 84, 85
- 子育て支援 … 49
- 子ども・子育て支援新制度 … 49
- 子どもの100の言葉 … 99
- 『子どもの遊戯』 … 6
- 『子どもへの遺産』 … 9
- 子ども理解 … 87
- コメニウス … 8
- 5領域 … 4, 15, 22, 28, 43

さ

- サウンド・ガーデン……104
- サラマンカ宣言および行動の枠組み……84

し

- 自己評価……83
- 事象……35
- 自然の事象のコト的環境……35
- 持続可能な開発のための教育……107
- 実践記録……58
- 指導計画……46
- 児童福祉施設最低基準……18
- 児童福祉施設の設備及び運営に関する基準……18
- 社会的情動スキル……29
- 社会の事象のコト的環境……35
- 10の姿……3, 24, 28, 44, 61
- 主体的な遊び……98
- 障害者の権利に関する条約……84
- 障害のある子ども……84
- 小規模保育所……29
- 食育……51
- 食育基本法……51
- 食品ロス……50
- ジョン・ロック……8
- 人的環境……35

せ

- 生理的欲求……32
- 『世界図絵』……8
- 世界幼児教育・保育機構……109
- 潜在保育士……30
- 全体的な計画……27, 46

そ

- 育ちの物語……58

た

- 第3次食育推進基本計画……51
- 対話的な遊び……98
- 楽しく食べる子どもに～保育所における食育に関する指針……51

ち

- 地域交流……48
- 小さな大人……6
- チェックリスト……90
- チェディー（CHEDY）……91
- チャイルドマインダー……103

て

- デイ・ナーサリー……103
- テ・ファリキ……101

と

- 統合保育……84
- ドキュメンテーション……100

な

- ナーサリースクール……103, 104, 113, 114

に

- 日本版SICS……82
- 乳児……32
- 乳児期……32
- 乳幼児社会的認知発達チェックリスト―社会性のめばえと適応―……91
- 認定こども園……25

は

- 育みたい資質・能力……1, 24, 27, 43
- 発達の物語……82
- はてなボックス……94
- 『母親学校の指針』……8

ひ

- ピアッツァ……7
- ピーテル・ブリューゲル……6
- ビオトープ……113
- 非認知的能力……29
- 評価……81
- 平等……86

ふ

- フィリップ・アリエス……6

フォレスト・スクール ……………………… 113
深い学び …………………………………………… 99
物的環境 …………………………………………… 35
ブリューゲル ……………………………………… 6
プレイセンター ………………………………… 101
プレイフルラーニング ………………………… 29
プレイランド ……………………………………… 50
フレーベル ………………………………………… 10
プロジェクト …………………………………… 100
プロジェクト・メソッド ……………………… 12

ほ

保育所保育指針 …………………………… 15, 17
保育課程 …………………………………… 27, 46
保育者のための幼児用発達障害チェック
　リスト …………………………………………… 91
保育所 ……………………………………………… 18
保育所保育指針 …………………………………… 1
保育内容 …………………………………………… 1
保育要領 …………………………………… 4, 14
包含 ………………………………………………… 84
ポートフォリオ ………………………… 82, 102, 105

ま

学びの日記 ……………………………………… 105
学びの物語 ……………………………………… 102

み

見える化 …………………………………………… 98
3つの視点 ………………………………………… 28
3つの柱 ……………………………… 1, 24, 27, 43

3つの柱と7つの「R」 ………………………… 110

も

森の学校 ………………………………………… 113

ゆ

ユネスコ ………………………………………… 107

よ

養護 ………………………………………………… 17
幼児期の終わりまでに育ってほしい姿
　…………………………………… 3, 24, 28, 44, 61
幼稚園 ……………………………………………… 21
幼稚園教育要領 ………………………… 1, 4, 15, 21
幼保連携型認定こども園 ……………………… 25
幼保連携型認定こども園教育・保育要領
　………………………………………………… 1, 25

ら

ラーニング・ストーリー ………………… 59, 82, 102
ラーニング・ダイアリー …………………… 105, 113

り

領域 ………………………………………………… 4

れ

レセプションクラス …………………………… 103
レッジョ・エミリア …………………………… 7, 99

ろ

ロック ……………………………………………… 8

〔編著者〕　　　　　　　　　　　　　　　　　　　　　　　（執筆分担）

清水　陽子（しみず　ようこ）　　九州産業大学人間科学部　教授　　　第1章，第6章1・2

森　眞理（もり　まり）　　神戸親和女子大学　教授　　　第9章，第10章

〔著　者〕（五十音順）

赤嶺　優子（あかみね　ゆうこ）　　沖縄キリスト教短期大学　教授　　　第4章

阿部　敬信（あべ　たかのぶ）　　九州産業大学人間科学部　教授　　　第8章

今津　尚子（いまづ　しょうこ）　　九州女子大学人間科学部　准教授　　　第3章3・4・コラム

犬童　れい子（いんどう　れいこ）　　小羊保育園　副園長・主任保育士　　　第6章2・3-1)

川俣　美砂子（かわまた　みさこ）　　高知大学教育学部　准教授　　　第5章1・2

黒田　秀樹（くろだ　ひでき）　　きらきら星幼稚園　園長　　　第6章3-2)・3)

柴田　賢一（しばた　けんいち）　　尚絅大学短期大学部　教授　　　第2章

永渕　美香子（ながふち　みかこ）　　中村学園大学短期大学部　准教授　　　第5章3

原　陽一郎（はら　よういちろう）　　筑紫女学園大学人間科学部　教授　　　第3章1

福田　泰雅（ふくだ　たいが）　　社会福祉法人赤碕保育園　理事長　　　第7章

二子石　諒太（ふたこいし　りょうた）　　尚絅大学短期大学部　助教　　　第3章2

共に育つ保育を探究する　保育内容総論

2019年（平成31年） 2月20日　初 版 発 行
2020年（令和2年） 9月15日　第 2 刷発行

編著者　清　水　陽　子
　　　　森　　　眞　理

発行者　筑　紫　和　男

発行所　株式会社　建帛社
　　　　KENPAKUSHA

〒112-0011　東京都文京区千石4丁目2番15号
TEL (03) 3944-2611
FAX (03) 3946-4377
https://www.kenpakusha.co.jp/

ISBN 978-4-7679-5088-4　C3037　　信每書籍印刷／愛千製本所
© 清水陽子，森　眞理ほか，2019.　　Printed in Japan
（定価はカバーに表示してあります）

本書の複製権・翻訳権・上映権・公衆送信権等は株式会社建帛社が保有します。

JCOPY〈出版者著作権管理機構　委託出版物〉

本書の無断複製は著作権法上での例外を除き禁じられています。複製される場合は，そのつど事前に，出版者著作権管理機構（TEL 03-5244-5088, FAX 03-5244-5089, e-mail : info@jcopy.or.jp）の許諾を得て下さい。